初中数学高效课堂研究与实践

韩玲玲 著

吉林科学技术出版社

图书在版编目（ＣＩＰ）数据

初中数学高效课堂研究与实践 / 韩玲玲著. -- 长春 ：
吉林科学技术出版社，2024. 6. -- ISBN 978-7-5744
-1655-0

Ⅰ. G633.602

中国国家版本馆 CIP 数据核字第 20244S40C2 号

初中数学高效课堂研究与实践

著　　韩玲玲
出 版 人　宛　霞
责任编辑　王天月
封面设计　杨　慧
制　　版　杨　慧
幅面尺寸　185mm×260mm
开　　本　16
字　　数　100 千字
印　　张　6.75
印　　数　1～1500 册
版　　次　2024 年 6 月第 1 版
印　　次　2024 年 12 月第 1 次印刷

出　　版　吉林科学技术出版社
发　　行　吉林科学技术出版社
地　　址　长春市福祉大路 5788 号出版大厦 A 座
邮　　编　130118
发行部电话/传真　0431—81629529 81629530 81629531
　　　　　　　　　　81629532 81629533 81629534
储运部电话　0431-86059116
编辑部电话　0431-81629510
印　　刷　三河市嵩川印刷有限公司

书　　号　ISBN 978-7-5744-1655-0
定　　价　40.00 元

前　言

　　本书是一本关于初中数学高效课堂研究与实践的著作。本书分别从学习心理、教师专业成长、教学设计、教学模式、思维创新等多个角度对初中数学课堂教学相关的热点、难点、困惑问题进行了探讨。其主要包括初中数学教学的基础理论、数学课堂教学研究的发展、初中数学课堂有效性教学方法、初中数学中的探究式教学以及初中数学教学实践的多元化探究等方面内容。通过对初中数学高效课堂研究与实践进行系统全面的探讨，为更好地开展初中数学教学提供帮助。全书结构合理，条理清晰，内容丰富新颖，适合数学教师及相关研究人员参考阅读。

目　录

第一章　绪论

数学课堂教学是数学教学的中心工作，而设计教学方案又是中心工作的具体表现。数学教学设计是教师工作的重要组成部分，教师应该掌握各种课型的设计方法，以便指导自己教学工作。

第一节　数学的本质

要弄清什么是"数学观"，首先是要了解"观念"一词的含义。从字面上来看，可以把"数学观"理解为人们对数学的认识或看法，也就是数学在人脑里留下的概括形象。然而，由于研究视角、研究目的、研究领域等方面的不同，造就人们对数学观的内涵又有不同的认识。例如，林夏水先生认为："数学观是人们对数学的总体看法，它有各种表现形式。"郑毓信教授指出："什么是数学？这也就是所谓的'数学观'。"一般来说，人们对数学观的认识有：数学观是人们对数学的本质、数学思想以及数学与周围世界联系的根本看法和认识；数学观是对关于"什么是数学"这一问题的认识；数学观是人们对数学的总体看法和认识，其内容主要涉及数学的研究对象、数学的特点、数学的地位和作用等。结合以上认识，可以认为，数学观就是人们对数学的总体看法，或者说是对"数学是什么"做出的一个回答。由此看来，数学观是一个数学哲学范畴的问题。其实，自古希腊以来，数学哲学家就试图诠释数学观的问题，他们对数学观进行了深入的研究。无论人们对数学观如何认识，把握数学观的内涵都要注意以下三个方面：其一，数学观的主体是人们，而不仅限于数学家、数学哲学家，一般个体也有自己的数学观，只不过一些流行的数学观可能是数学家、哲学家或者教育家等提出来的。其二，数学观未必是一种系统的理论观点。因为每个人都有自己的数学观，其观点可能与个体"做（学）"数学的体验有关。其三，数学观的内涵是不断发展的。随着数学的不断发展，人们对数学的认识不断提升，数学观亦不断演变。

从不同的视角来看，数学观有着不同的分类。其一，科学视角的数学观。由于数学的对象是一种纯理性的存在，其可以在封闭的演绎体系中得到表现，因而科学视角的数学观认为，数学是一门系统的、结构严谨的思想、知识、方法体系。数学精神是科学精神和理性精神的典范。数学以其卓越的智力成就被人们尊称为"科学的皇后"，这表明数学的重要地位以及对其他科学的发展有不可或缺的重要性。可以说，科学的数学观是数学本质观的基础与核心。其二，文化视角的数学观。这种数学观认为，数学不仅是一门科学，还是一种文化。数学是形成人类文化的主要力量，并且是人类文化极其重要的因素。文化视角的数学观侧重从数学作为一种文化以及数学与其他人类文化的交互作用中来探讨数学的文化本质。数学的文化视角是比科学视角更为宽广地透视数学的视角。数学的文化视角有助于克服和弥补片面的、科学主义倾向的数学观的不足和弊端。其三，社会视角的数学观。在数学发展史上，不同民族的数学观是不相同的。数学是一种文化传统，数学活动就其性质来说是社会性的。社会视角的数学观是与文化视角的数学观紧密相连的。另外，数学的结果要得到人们认可也是一个社会的过程。著名数学家哈尔莫斯指出："虽然大多数的数学创造都是一个人在一张桌子前，在一块黑板前或是在散步中，或者在两个人的交谈中完成的，但数学仍是一个社会性的科学。"与文化视角的数学观相比，社会视角的数学观侧重从社会的角度来看待数学与社会的关系。其四，工具视角的数学观。工具视角的数学观把数学看成由事实、法则、技巧构成的一套工具。数学作为一种工具被广泛地应用于其他科学，并服务于其他科学。数学的工具性表明，数学是一切科学的重要基础，在其他科学理论的发展和完善过程中起着不可或缺的作用。数学研究的成果往往是重大科学发明的催生素。数学要么直接地为其提供研究工具，要么间接地影响其发展。随着数学的发展，其工具作用势必将更广泛地显现出来。显然，多层面地分析数学观，不仅有助于我们较好地理解数学的本质，还有助于我们更好地建立合适的数学观。

第二节　初中数学教学设计的目标要求

一、充分体现"以学生的发展为本"的思想

基础教育课程改革把"以学生的发展为本"作为基本的课程理念。其中，"学生的发展"既指全体学生的发展，也指学生个体全面和谐的发展、终身持续的发展、活泼主动的发展和个性特长的发展。新课程的教学设计要为每位学生的发展创造合适的"学习条件"，主要着眼于以下几个方面。

（一）促进全体学生的最佳发展

新课程改革建构了一个符合素质教育要求的，也具有普及性、基础性和发展性的课程体系，这就为教学设计提供了一个很好的平台。新课程的教学设计要以提高全体国民的素质为目标，面向全体学生，促使每位学生在原有的基础上得到最大限度地发展。

（二）全面提高学生的基本素养

新课程的教学设计把课程的功能定位于全面提升学生的素养。这就要求教学要化知识为智慧，积文化为品行。相应地，教学设计不仅要重视基础知识的掌握和基本技能的训练，发展学生的智慧和能力，而且要促进他们积极的情感态度以及正确价值观的形成。

（三）引导学生生动活泼、积极主动地学习

为了培养适应时代发展要求的、具有创新精神和实践能力的一代新人，新课程的教学设计要注意充分发挥学习者的主体作用，通过创设恰当的教学情景和条件，以激发学生的学习热情和积极性，引导他们主动参与、乐于探究、勤于动手，最终通过自主、探究、合作的方式理解、掌握和运用知识。

二、整合教师、学生、教材、环境四个要素

新课程的教学设计对"课程"含义的理解，从强调"教材"这一单一要素走向教师、学生、教材、环境四个要素的整合。在新课程视野中，教材并不等同于课程，教学设计也并非只是简单地备课。它把课程视为教师、学生、教材、环境四个要素持续交互作用的动

态过程，由此课程变成一种动态生长的"生态系统"。因此，新课程的教学设计应当以系统的眼光和动态的观念来看待教学活动，处理好各个要素之间的相互关系，整体地把握教学结构，重视这四个要素之间的配合与整合。

三、实现学生学习方式、课程内容呈现方式、教师教学方式与师生互动方式的同步变革

新课程的教学设计要求改革学生的学习方式，倡导自主、探究、合作的学习方式，而要想真正实现学生学习方式的转变，就必须改变课程内容的呈现方式、教师的教学方式和师生的互动方式，这是新课程教学设计的着力点。

四、突出创新精神和实践能力的培养

素质教育就是以培养学生的创新精神和实践能力为重点的教育，新课程的教学设计必须凸显这一点。具体而言，在设计教学活动时，主要着眼于一下几点。

（1）培养学生收集和处理信息的能力、获取新知识的能力、分析和解决问题的能力以及交流合作的能力。

（2）让学生感受和理解知识的产生和发展的过程。

（3）创设学生自主参与、探究发现、合作交流的教学情景。

五、超越学科中心和知识本位取向

新课程的教学设计是针对特定的学科和不同的知识类型而做出的具体筹划，而学科的特点和知识类型的差别，必然是新课程的教学设计要认真研究的一个重要方面。

在新课程改革中，"学科"被赋予了新的内涵——学科是培养学生生存与发展能力的教学内容，是谋求学生整体发展、有利于学生主体活动而选取的、经过整合的文化成果；学科知识的框架是假设性的、动态变化的；学科的学习是以人类文化遗产为线索而展开的对话，各门学科知识的学习是建立在超越学科的综合性学习基础上的。新课程的教学设计在学科观和知识观上的这种变化，要求我们更新教学观念，努力探索符合不同学科特点和知识类型的教学设计思路和教学模式。具体地说，新课程的教学设计必须认真钻研"课程

标准"对各门学科性质的界定、目标设置、内容构成以及教学建议，并针对各自学科的特点和不同类型的知识，提出有效教学的模式和具体措施。

六、积极介入课程建设和课程资源的开发利用

当新课程从"制度课程"和"学科课程"走向"经验课程"，课程的开放性和民主化程度不断在提高的时候，教师的课程实施取向发生了明显的变化，教师不再停留在"忠实取向"上，而逐步采取了"相互适应取向"与"创生取向"。这就要求教师在新课程的教学设计中，应更注重发挥自身对课程建设的能动作用，积极主动地开发和利用各种课程资源，处理好书本知识与学生经验的关系，沟通学生生活世界与课堂学习之间的关系，逐渐变"教课本"为"用课本教"。

七、转变教师的角色

新课程要求教师在教学过程中应与学生展开积极互动，共同谋求发展；要求教师善于调动学生的积极性，使学生在生动活泼的氛围中开展学习活动；引导学生质疑、探究、实践，使学生在教师的指导下富有个性地学习。而这一切就需要在教学设计中准确定位教师的角色：教师不再是知识的灌输者和教学活动的绝对权威，而应成为学习活动的组织者、引导者和参与者。

第三节 初中数学教学设计的内容与方法

一、教学目标的设计

（一）根据课程目标和内容标准设计教学目标

教学目标是课程目标的进一步具体化，因而数学课程标准中提出的四个方面的目标——知识与技能、数学思考、问题解决、情感与态度，应是设计教学目标的指南和依据。实际上，这四个方面的目标也可以按三类描述，即知识与技能目标、过程与方法目标、情感态度与价值观目标，这正是《基础教育课程改革纲要（试行）》对三维课程目标设计的提法。

现以"同底数幂相乘"的教学目标的设计为例予以说明。

第一，知识与技能目标。掌握同底数幂相乘的运算法则，能正确运用同底数幂乘法的运算性质进行计算，并能运用它解决一些实际问题；经历探索同底数幂乘法运算性质的过程，并从同底数幂乘法运算法则的推导过程中，发展逻辑推理能力和有条理的表达能力。

第二，过程与方法目标。体验观察、发现、归纳、概括、猜想等活动在数学结论发现过程中的作用。

第三，情感态度与价值观目标。形成依据运算法则进行计算和说明算法的习惯。

（二）按照数学新课程目标的陈述方式和技术来陈述教学目标

在数学课程标准体系中，课程目标及内容标准的陈述方式和技术有了新的变化，则教学目标的陈述方式和技术也应与其保持一致。

1.两类陈述方式

在数学课程标准体系中，课程目标的陈述方式可以分为以下两类。

一是采用结果性目标的方式，即明确告诉人们学生的数学学习结果是什么，所采用的行为动词要求明确、可测量、可评价，如"了解""理解""掌握""运用"等。这种方式指向可以结果化的课程目标，主要应用于"知识与技能"领域。如"了解无理数和实数的概念""理解有理数的运算律""掌握直角三角形的性质定理""运用图形的对称、旋转、平移进行图案设计"等。

二是采用过程性目标的方式，即描述学生应从事的活动或应经历的活动过程，所采用的行为动词往往是过程性的，如"经历""体验（体会）""探索"等。这种方式指向无须结果化或难以结果化的课程目标，主要应用于"过程与方法""情感态度与价值观"领域。如"经历估计方程解的过程""体会可以用坐标刻画一个简单图形""探索圆周角与圆心角及其所对应弧的关系"等。

2.教学目标的 ABCD 陈述技术

在教学目标的陈述中，一般包括四个要素：行为主体（Audience）、行为动词（Behaviour）、行为条件（Condition）和表现程度（Degree），简称 ABCD 型，利用这四个要素来陈述教学目标称为 ABCD 陈述技术。

（1）行为主体：即学习者，目标描述的不是教师的行为，而应是学生的行为。如把目标陈述成"教给学生……""使学生……"等，就是不妥当的。

（2）行为动词：即用以描述学生所形成的、可观察的、可测量的具体行为的动词。如"写出""认出""识别""指明""做出""画出"等。

（3）行为条件：是指影响学生产生学习结果的特定的限制范围。如"根据下面的式子，能……""如图所示，会……"等。

（4）表现程度：是指学生所应达到的最低表现水准，用以衡量学习表现或学习结果所达到的程度，如"至少写出两种解题方案"等。

在陈述教学目标时，至少应包括行为和内容两个方面，既要指出期望学生采取哪种行为方式，又要说明这种行为运用的内容或领域。

例如，在"一元一次方程及其解法"一节中，其教学目的可确定为：能够判断形如 $ax+b=c$ 的式子是否是一元一次方程；会解形如 $13x=35$ 和 $6x+7=42$ 的方程。这两个教学目标所涉及的行为是"能判断"和"会解"，所涉及的内容分别是"一元一次方程的概念"和"一元一次方程的解法"，行为主体和行为条件则被省略。

二、教学内容的设计

（一）选择、确定教学内容的依据与标准

选择、确定初中数学教学内容的依据是初中数学教育的性质、任务和目标、数学学科的特点以及初中生的心理特征和认知发展水平。基于这些方面的考虑，来选择、确定初中数学教学内容的基本标准如下所述。

1.科学性标准

即在设计或确定数学教学内容时，最基本的要求就是要确保所教内容本身的科学性，做到内容准确无误，不能出现科学性错误。

2.可行性标准

即设计或确定数学教学内容时还要确保教学内容符合学生的认知水平和接受能力，并

且在一定的时间范围内能被学生所接受或掌握。如果教学内容超越了学生的认知发展水平，那么这样的教学注定会失败。

3.社会作用标准

即所选取的数学教学内容应该是现代社会生活、生产和科学技术普遍需要的数学知识。

4.教育作用标准

即所选取的数学教学内容应该是对于发展学生的数学思维和数学能力，使学生形成积极的情感和正确的价值观有重要作用的数学知识。

教师在设计教学内容时，主要的工作就是根据以上标准对教科书上呈现的课程内容进行适当的加工处理。加工处理时，应考虑的主要问题包括：哪些内容学生已有所了解或了解到何种程度了？哪些内容是达成教学目标所必需的？应删去或从略哪些内容？哪些内容由于不够充分还需要补充？哪些内容需要做出适当调整？等等。

（二）确定教学的重点和难点

在任何知识范围内都有重点和相对的难点，而对重点、难点的把握与处理是决定教师教学成败的关键因素之一。

教学重点是指贯穿全局、带动全部，在整个教材体系或课题结构中处于重要地位的内容。例如，从整体上看，函数与函数的思想是初中数学的重点，在初中数学课程内容中处于核心地位。函数思想的建立是数学从常量数学转入变量数学的枢纽，使数学得以有效地揭示事物运动变化的规律、反映事物间的相互联系。它不仅使数学的研究对象由状态发展到过程，还引起了传统的常量数学观点的变更，使许多数学问题的处理达到了统一。

教学重点的确定，最根本的是要对课程内容和课程标准的要求有较深刻的认识，从而抓住其思想本质。

一节课的教学重点应该集中、具体，以便从多侧面、多角度去研究重点，以重点为中心设计教学过程。而重点过于分散或笼统，会制约教师在教学过程中突出重点的实施。

教学难点是指学生难以理解的知识或难于形成的技能，教学难点主要产生于教材内容的深度、广度与学生认识水平之间差异的最大之处。教师只有在完全把握教学内容和充分了解学生的认知特点与心理发展水平及规律的基础上，才能准确估计数学教学中的难点，并设法突破难点，逐渐地排除学生在数学学习中的障碍。

具体地说，教学难点的可能来源有以下几个方面。

（1）内容的抽象性和学生思维的形象性之间的矛盾产生难点。对于这种难点，一方面教师可以把它分散到不同阶段的数学学习中，由浅入深，伴随抽象思维能力逐步的提高，逐渐达到对抽象的数学知识的理解。另一方面，教师在讲解抽象的数学知识时，可提供丰富、具体、直观、生动的例子，引导学生突破难点。例如，讲圆周率时，可以向学生介绍祖冲之的割圆术。

（2）内容的复杂性与学生思维的局限性之间的矛盾产生难点。对于这种难点，教师可以设计合理的思维坡度，将知识分解为若干部分或若干侧面，引导学生分别去认识，然后再将知识组合起来让学生去理解和掌握。

（3）知识的不断深化与学生的思维定式之间的矛盾产生难点。

（4）知识的综合性与学生的知识面狭窄之间的矛盾产生难点。这种难点常常出现在学生解决某些应用问题或综合性较强的问题的时候。如果学生对问题的实际背景或对其他方面的知识还不熟悉，不能建立起知识之间的联系，不会综合运用知识分析问题，那么困难便由此而生。在这种情况下，教师可补充一些相关内容，使学生了解或掌握一些相关知识，从而突破难点。

应该指出，合理地选择、设计例题、习题，对于突出教学重点、分散教学难点是十分重要的。教师应根据班级学生的实际情况，有针对性地适当调整习题和例题，以提高例题和习题的功效。

三、教学活动的设计

（一）教学（学习）情境的设计

在情境创设中，要注意情境应该符合教学的主题，应该体现数学的内容，应该和学生的实际紧密相连，而不能背离这些主题，为了情境而情境。情境不是目的，而是学生进行有效学习的重要手段。

（二）学习资源的设计

学习资源的设计指，是确定学习本单元所需资源的种类，明确每种资源在学习中所起的作用。对于应从何处获取有关的学习资源，如何获取以及如何有效地利用这些资源等问题，学生解决起来的确有困难，教师还应考虑如何给予适当的帮助。教师要根据教学目标、学习内容以及学生的特点等筹划并准备好学习资源，供学生学习时使用。

（三）学习活动（方式）的设计

明确了学习目标并有了相应的评价任务跟进后，就要考虑如何设计学习活动，以落实评价任务，使学生表现出学习目标所期望的学习行为。学习活动的设计要做到以下几点：学习活动的设计要体现学生的主动性；所设计的学习情境应该是学生理性思维的生长点；寻找真实的基于具体实践的合作学习活动，学生更加看重"同伴合作学习"所带来的团队意识、同学友谊、责任心等非智力因素的增进，这也说明了合作学习在课堂教学的具体实施落后于合作学习的管理与评价。

（四）教学方法的设计

新课程的教学设计强调，教师应成为学习活动的组织者、引导者和参与者。因此，在设计教学方法时，教师应认真考虑自己如何组织、引导、参与学生学习活动。

四、教学策略的设计

教学策略是教学设计的有机组成部分，是在特定的教学情境中为完成教学目标和适应学生认知需要而制定的教学程序及其实施措施。它包括三层基本意思：第一，教学策略从属于教学设计；第二，教学策略的制定要依据特定的教学目标和教学对象；第三，教学策略既有观念功能又有操作功能。

众所周知，教学目标解决的是教师要"教什么"的问题，而教学策略解决的则是"如何教"的问题。教学是一个相当复杂的动力性结构，因而教师设计和选择教学策略是教师搞好教学工作、提高教学质量的关键环节之一。

五、教学评价的设计

教学评价是根据一定的目标和标准，采取科学的态度和方法，对教学活动的过程和结果以及受教育者的发展变化的质和量的价值判断。

教学设计中，主要有以下四种比较典型的教学评价模式可供选择。

1.决策性的评价模式

在这种模式中，评价的作用是为决策者提供信息。评价者既要考虑项目进行中的结果，又要考虑项目完成后的结果。在每个阶段，都要把结果与所陈述的目标相比较，然后把期望结果与所陈述的目标相比较，最后把期望结果和实际结果之间的差异报告给决策者。决策者便根据此报告来采取行动。一般情况下，决策者常常就是评价者本人。

2.研究性的评价模式

这种评价模式的目的是建立教学程序和教学结果之间的因果关系。一般情况下，要设立两个学习者小组，并且这两组学习者具有不同的教学或学习经历。然后，对这两组学习者进行测验，确定某一组学习者的学习结果是否超过、相当或落后于另一组的学习者。当两组学习者具有"显著性"差异，并且只通过输入信息已经无法解释结果变量时，可用程序影响来进行判断。

3.价值性的评价模式

这种评价模式强调在教学评价过程中所做的价值判断。事实上，价值判断在任何学科中都处于关键地位，特别是在方法论的价值判断上，所以没有理由在教学评价中排除价值判断。在这种评价模式中，评价者是整个评价的中心，不仅要收集数据，还要弄清评价标准。这种模式暗示了教学必须完全根据价值判断结果来进行调整。

4.系统性的评价模式

系统性评价模式是根据系统论的观点构建的。像教学这样的复杂系统，不可能通过分析、实验控制等方法来认识和理解，而应该把教学系统看成既可能进化也可能退化的有机体，而这个有机体的进化或退化依赖于它与其他项目或更大背景之间的关系。因为教学系统中各个部分都是相互关联的，其中某一部分的变化必定意味着更大系统的变化，所以说，教学中不存在"独立变量",教学的每个事件都与另外的事件有关。

以上四种模式,每一种都有其优点和不足,不能简单地指出哪种模式好或者不好。教学设计成果的好坏,最终取决于学生是否更好、更快地达到教学目标。教学评价的设计在选择评价模式的同时,也应考虑评价的客体、主体、媒体及评价取向等方面的内容。

教学评价既包括对学生学习的评价,也包括对教师教学的评价。而对学习的评价既要面向全体学生,对学生的发展做出全面的评价,又要突出重点,要突出过程性评价和发展性评价,要对基本思想和基本活动经验的评价留出足够的空间。

教师评价应设计出既使学生感受不到任何压力、乐意去进行,又能客观、准确地反映出每位学生学习过程和结果的评价方法,使评价的过程成为促进学生发展、提高教师教学水平的过程。

第二章　数学课堂教学研究的发展

第一节　数学课堂教学的研究策略

数学课堂研究的方法十分丰富。研究方法主要包括收集什么样的数据，以及如何分析数据和表达结果。早期的课堂研究主要依赖于量的研究方法，用这种方法时，通常使用预先确定的编码系统对课堂数据进行编码。后来，研究更倾向于采用质的研究方法，它关注课堂教与学的过程和意义。随着社会的发展，开始使用录像技术，采用量和质相结合的研究方法来研究课堂越来越受人欢迎。

一、量的研究策略

在量的研究中，观察者使用检查表或规范标记来记录特定范围内一些事件出现的情况，然后分析发生这种事件的频率。定量方法为某件事多久发生一次提供信息，或者就事件本身进行描述。在 20 世纪 60 年代以前，系统观察（Systematic Observation）是定量研究方法中占绝对优势的课堂观察方法。"系统观察"是指：观察者尽量避免参与课堂活动，通过使用一个预定的分析或标记系统来分析课堂活动的一些方面。这种分析可以既在观察中进行，也可以使用录音、录像或课堂对话文本，其目的在于帮助教师理解教学行为，以及可调查课堂互动与教学行为之间的关系。

二、质的研究策略

也许是对系统观察方法的批判的结果之一，人类文化和社会——语言的研究方式被采用。

事实上，在过去的几十年中，数学教育研究中广泛地使用质的研究方法，在数学课堂研究中也不例外。质的研究方法关注过程、意义和现实的社会定制属性，对被研究的现象提供独到的观察。对课堂研究而言，主要的数据有教案、课堂录像、学生日记和学生的工作等，同时，语义分析成为一种非常重要的数据分析手段，它强调意义协商和理解概念的课堂互动的分析。

研究表明，虽然这种人类文化学的研究方法有助于发现一些新的实证事实，以及发展一些新理论观点。但是这些方法对建构理论与检验理论是不合适的。研究者建议将系统观察与人类文化学的方法结合起来，两者相得益彰。

三、录像技术：整合量和质的研究策略

由于录像数据的独特性，20世纪90年代，录像技术受到课堂研究者的青睐。录像数据可以通过结合使用量和质的研究方法来分析和研究教与学的过程，发现一些新教学理论，允许研究者从不同视角进行分析和解读。由美国洛杉矶课堂研究实验中心领导的，分别在1995年进行的第三次国际数学和科学研究（以下简称 TIMSS 1995）的录像研究以及在1999年进行的第三次国际数学和科学研究的追踪研究（以下简称 TIMSS 1999）的录像研究，它们是以量的研究为基本范式。另一个是以澳大利亚墨尔本大学国际课堂研究中心领导的"学习者视角的研究"（以下简称 LPS），虽然同样采用录像技术，但它以质的研究为基本范式。然而，这两项大型国际课堂研究的研究人员尝试将量的分析和质的解释相结合进行分析和解读。

另外，使用录像分析技术对数学课堂中的基本要素，如课堂提问、学生错误处理、教学任务分析和教学法表征等进行分析，取得了不少成果。除此之外，也有研究者使用录像分析技术对如何使用录像或视频案例进行教师培训以此来进行研究。

第二节　核心素养视角下初中数学高效课堂

随着素质教育的不断深入，人们对教育的关注不仅局限于知识的传播，而更加重视教育对人才培养的重要性。核心素养已经成为教学改革的高频词汇，在这种背景下，初中数学教学需要不断地改革和创新，以寻找高效的课堂教学方法。

一、高效课堂的内涵

"高效课堂"就是单位时间内获取最大教学效益的教学活动。与人们常说的有效教学相比，其更强调教学效益的最大化，"高效课堂"主要是说两方面，即教师的高效教学与学生的高效学习。课堂教学中，有经验的教师在教学中会照顾到不同知识水平的学生，一次成功，即有的教师一节课教会一类题型，而另一些教师也许只教会了一个题，而且只有部分人学会，只有部分人喜欢，这就是效率的差别。当学生学会了接受知识的方法，以及学会了正确的思维方法，他们自然就理解得快，接受得快，记忆得也牢固。

教育局启动了高效课堂工程建设项目，而教学一线的数学教师要做的就是真正减轻学生的学习负担，进一步提高教学效果、提高教学效率，追求高效课堂。初中数学要求学生"善于质疑"，这样的评价标准是引导教师不再"满堂灌"，而是要更加重视学生的地位，注重教学效果。

现代科技的发展引起了教育方方面面的改革，而且教师、学生获取知识点的途径也已经变得开放而生动，同时课堂的容量也变得有很大的伸缩空间。因而变革必然产生，高效也会产生。时代在发展，科学在进步，而如何发展是大家应该探讨的问题，如何高效发展更是教育界各个领域应该研究的问题。总之，高效和广泛地获取知识是必然的，同时课堂的发展也会越来越适宜学生发展的需要。

二、初中数学高效课堂教学策略分析

根据教育改革的需求，教师必须适应新的教学方法，开展以学生为主体的初中数学课堂教学模式，让学生在教师的引导下自主学习，使学生的学习动机在自主学习中被激发，提升学生数学综合学习能力，真正从根本上使数学课堂教学的有效性不断被提升。

（一）培养学生的应用能力

初中数学教学改革的重要目标之一是培养学生实际应用语言的核心素养。初中数学教师在学生的日常生活中，应树立科学的教学观，培养学生的应用能力。首先，要突破学科本位，不能过分注重生活知识、文章背诵等，而忽视数学的应用。其次，要注重数学学科和生活的有机整合，加强数学学科内容与生活的密切联系，使数学真正地融入生活中，极大地激发初中学生的潜能，深入挖掘学生的内在创造力。最后，在数学教学课堂的模式设计上，要体现时代性与应用性，使数学知识回归现实生活世界，以专注培育学生的应用能力。

（二）提高学生的问题意识

在初中数学教学中，教师应着眼整个教学过程的安排，其包括数学阅读材料的设计制作、多媒体平台数学问题的归纳总结、数学时间的安排、课堂活动的组织等教学环节。自制的数学材料整体结构要合理，条理要清晰，互动性要强，要有吸引力。教师要利用生活中的材料，传递知识，激发学习兴趣，提高学生的问题意识。同时，在数学教学过程中，教师不仅要组织好教学，组织好课堂发言，还要在整个过程中突出学生的主体地位，以提高学生的解题能力。

（三）提高学生的思维品质

初中数学知识之间有很强的衔接性，而在有效的数学课堂教学过程中，学生对知识理解和掌握的同时，还应该对数学的本质进行了解，将数学做全方位的统筹，也就是说，学生对知识的运用和掌握应该具有系统性。

心理学研究表明，人类的思维反映和对客观世界的把握是通过一个体系来进行的。在数学课堂教学过程中，学生理解和掌握某个甚至某几个知识点不仅需要教师积极引导，而且学生系统性地学习数学知识也需要教师做好引导，一个自我的数学知识结构体系，促使学生主动地对各个知识点之间的数学关联进行了解，如推导数学公式、转换数形等。

当然，提高学生的思维品质，要求数学教师在课堂教学过程中，需要有针对性地采用个性化的指导，使不同层次、不同水平的学生都能够参与到教学中，使学习潜能得到最大限度地挖掘。此外，数学教师应结合精准数学的特征，设计具有挑战性的任务，充分利用启发性提问策略，设计合适的讨论话题，并对学生实施个性化的指导，以提高学生的思维品质能力。在这个教学过程中，教师通过设计有差别的发展目标，使用差异化的教学措施，实施个性化的指导，使学生形成缜密的思维品质，达到利用数学教学促进每位学生的全面发展与健康成长的目的。

总而言之，数学课堂教学改革的重点和热点问题就是有效的课堂教学，以及推动学生健康全面发展。教师以学生为主体开展初中数学课堂教学，刺激学生的大脑需要采取多元化的手段，使初中数学课堂有效性教学模式得到提高。

（四）提升学生的人文修养

当前，数学教师不仅要关注初中生的数学成绩，而且要发现和发展其多方面素质，帮助其认识自我、发展自我，培养学生批判性思维能力。而多元化评价策略是指教学过程中，通过激励、赞扬等方法让学生获得自信。数学教师应该重视多维互评，不仅要引导学生去关注语言表达技巧、学科成绩，更要培养学生多方面的才能，以实现初中数学知识技能与人文修养的全面发展。

同时，数学教师应该积极利用教学策略，激励学生对新问题发表个人的观点，与周围的同学进行合作交流，共同探讨新的解决策略。使学生能够以一种辩证的思维来对待不同的观点与看法，从而营造一种团结合作、共同成长的学习氛围。

（五）提高学生的学习能力

学生完成一项学习任务的时间与学生接受这项任务的动机成正比。初中学生的心理特征就是对新鲜事物特别好奇，这是学生自主学习、主动学习的动力源泉。初中学生思想超前，很容易接受新鲜事物，有广泛爱好，好胜心较强，喜欢追求个性化。同时学习环境对初中学生容易造成影响，制约着学生的学习态度，而学习态度与学习动机的关系又是相辅相成的。在初中数学课堂教学中，数学教师应该精心设计数学课堂教学过程，以达到活跃课堂氛围的目的，让学生的学习动机得到激发，以此使数学课堂教学的效率不断提升。

同时，教师可以在互联网的作用下，通过互联网技术将教学的创意和想法便捷地创造出来，使学生更加直观的理解，以此提高学习兴趣。在初中数学的教学过程中，数学教师可以通过微课在教学中的应用再现数学课本各章节的知识框架，实现知识的直观化，进而在学生头脑中构建成知识结构图。同时，也可利用多媒体再现复杂的数学模型，尤其是数学几何当中，物体的立体结构等。这样，学生可以通过观看教师的微课，更加快速地理解数学中的抽象概念、数学规律等，使数学课堂充满着生动活泼的学习氛围。

（六）塑造学生的探究能力

初中数学教师要遵循数学学科的自身特点，突出学生的情感态度价值观等，通过设计相应的活动，使学生能够在活动中相互协作、共同研究，塑造初中生共同进步、深度探究的能力。

在初中数学教材里呈现给学生的数学知识以理论居多，而与生活联系较少，使许多学生感到数学学习较为枯燥，索然无味，缺乏兴趣和激情。如果将数学融合在实际生活中，学生就会被新的方式吸引，加之学生对生活本身就有较多的经验，当再面对这些数学知识时，在思维上容易产生认知的共鸣或者是质疑，而且学生的感官得到刺激，对知识不得不进行同化，甚至会因强烈的好奇心驱使立即去对所学知识在生活中如何应用进行验证等，变"要我学"为"我要学"，主动地进行探究学习，由此数学课堂教学的效果会有很大提高。

三、核心素养视角下初中数学高效课堂构建方法

（一）发挥教师的引导作用，注重学生主体地位的凸显

新时代的高效课堂，不仅需要学生在有效的课堂时间内高效地掌握数学知识，还需要让学生在课堂学习过程中不断提升自身的数学学习能力。为此在初中数学教学中，教师就需要注重引导学生进行自主探究，让学生亲自经历数学知识的探究过程，以凸显学生在课堂上的主体地位，拓展学生的数学学习思维，让学生在高效掌握数学知识的同时可以获取一些有效的数学学习方法，以保证学生在数学学习过程中的全面发展。例如，在学习人教版数学九年级上册"解一元二次方程"一课时，教师在教学过程中不仅需要引导学生学习一元二次方程知识，还需要引导学生如何去学，授之以渔，让学生由学会到会学。如教师在给学生进行运用因式分解法解一元二次方程的知识讲解时，教师就可以直接带领学生运用因式分解法进行一元二次方程式的计算，然后让学生运用反向思维，试着根据实际的计算总结因式分解法的实质，以强化学生对因式分解法知识的透彻理解。通过引导学生自行进行因式分解法知识的总结不仅让学生透彻地理解因式分解法的实质，学会熟练地运用因式分解法解一元二次方程，还可以不断地提升学生的数学学习技能，有效地培养学生分析问题、解决问题的能力以及学生的探究精神，进而促使学生能够高效地完成数学课堂学习

任务。

（二）结合教学内容与学生的学习需求，进行教学方式的创新

教师在教学过程中需要根据教学内容对教学方式进行有效的创新，实施符合学生学习需求的教学方法，以保证学生在课堂上的学习状态达到最佳。例如，在学习"实际问题与二次函数"一课时，本节课主要是进一步培养学生利用所学知识构建数学学习模型，以解决实际问题的能力，所以在教学过程中，教师就可以给学生创设一个生活化的教学情境来进行课堂导入。如某一个商店购进了一批单价为 20 元的日用品，如果以单价 30 元销售，那么半月内可以售出 400 件。根据销售经验提高单价会导致销售量减少，如果销售单价每提高 1 元，销售量相应地减少 20 件。那么要如何提高售价才能在半个月内获得最大的利润？让学生从熟悉的生活情境中构建出二次函数的模型，以弱化数学学习难度，进而达到提升学生解决问题能力的目的。通过生活化情境的创设以弱化二次函数知识的难度，可以让学生更清楚地分析和表达出实际问题中变量之间的二次函数关系，以此逐步树立学生参与课堂学习的自信心，进而逐步提升学生参与课堂学习的积极性与主动性。而且通过生活化情境的创设，还可以有效地培养学生运用所学知识解决生活实际问题的能力，让学生学会用建模的思想去解决其他和函数有关的应用问题，以此让学生在课堂上的学习效率得以有效的保证，进而加快初中数学高效课堂构建的前进步伐。

（三）因材施教，保证班级每一位学生的个性化发展

高效课堂的构建是指班级整体教学效率的提升，但是由于班级每一位学生的个性特点、知识结构的搭建都存在着差异性，教师在教学过程中如果实施统一的教学指导，就很难让班级每一位学生对知识的掌握程度达到一致。这也就导致提升班级整体教学效率的任务很难得到高效地实现，从而阻碍到初中数学高效课堂的构建。为此，在初中数学教学过程中，教师需要充分地尊重班级每位学生所存在的个体差异，根据每位学生的实际学习情况进行因材施教，以保证每一位学生的个性化发展。

例如，在学习人教版数学九年级下册"图形的相似"一课时，教师在教学过程中就可以对班级每位学生所存在的个体差异进行针对性的教学。如对于学习能力较好的学生，他

们在理解与掌握两个图形相似的概念与特征时，教师就可以给予他们更多的自主探究空间，让他们通过自主探究与分析，高效地理解并掌握相似图形的概念、特征与识别方法，并能够灵活地运用相似多边形的特征进行相关计算。而对于学习能力中等层次的学生，教师在教学过程中则可以给予他们相应的帮助，让他们能够紧跟着教师的思路进行课堂知识的探究与学习，以逐步加强他们对相似多边形知识的理解与掌握。而对于学习能力较弱的学生，教师在教学过程中就可以先引导他们观察生活中形状相同的图形，让他们可以先初步地理解相似图形的概念，然后在此基础上进一步地理解相似性的特征，进行循序渐进的教学引导。通过实施针对性的教学，可以调动班级每一位学生参与课堂学习的积极性与主动性，以促使每一位学生通过数学课堂学习，都能不断提升自身的数学学习效率与学习能力，以此达到班级整体学习效率的有效提升，进而从真正意义上实现初中数学高效课堂的构建。

（四）结合生活实际提升课堂教学效果的方法

数学教学中，教师对教学案例的选取要贴近学生的生活实际，以及对数学的阅读材料进行有计划的设计与整理，并且应用多媒体对相似的案例进行总结，然后统一进行管理，合理安排教学时间和教学顺序。同时，教师要对数学的整体结构进行调整，多讲解解题方法，提高学生解答问题的能力。

在学习"一元二次方程"时，教师可以选取一个现实生活中的例子，以加深学生对教材知识的理解。教师可通过生活化的案例，让学生借鉴自身的经验来解题。在这一过程中，教师可以让学生通过小组讨论的方式进行合作探讨，以此提高学生独立思考及逻辑思维的能力，从而培养学生的核心素养。

（五）构建有效的教学评价体系，提升课堂教学质量的方法

在初中数学教学中，教师要充分认识学生在学习方面面临的不足，同时要善于发现学生在学习方面所呈现的天赋，通过赞扬与批判性评价相结合的方式，让学生对自己的整体发展有一个清晰的认识，从而激发学生的学习自信，以培养全面型人才。

同时，教师要充分激发学生对新问题的探究能力与好奇心，使学生发挥团队协作能力，进行合作教育，创设良好的学习氛围，有效激发学生对于数学课堂的兴趣，提升数学课堂

的教学质量。

（六）运用科技手段，构建高效课堂的方法

互联网的快速发展为教学提供了更加新颖的教学方式，微课教学越来越得到学生的认可和支持。初中数学教师可以利用微课对每一章节的知识框架进行梳理，使学生能够清晰地理解整本书中知识点间存在的关系，也可以让数学知识更加直观化，由此可将复杂的数学问题通过简单的方式进行讲解，便于学生理解。同时可以活跃课堂气氛，改变学生对数学枯燥、死板的印象，让数学教学"活"起来，特别是在进行几何知识的讲解时，教师通过视频展示几何图形的分解过程，使学生一眼便可明白立体图形表面积的计算方法与构成，从而提高教学效率，构建初中数学高效课堂。

在全国上下提倡素质教育的大环境下，初中数学教师应树立科学的教学观念，不断培养学生的应用能力，提高其发现问题、解决问题的能力，同时因材施教，针对每位学生的特点采用相应的评价策略，以全面提升学生的核心素养。

第三节　数学课堂教学设计研究进展

一、数学课堂教学的理论与设计

（一）数学课堂的学习理论与教学设计

在 20 世纪，北美等许多国家都把自然科学研究的范式转向了社会科学领域。20 世纪中叶，在教学论科学化运动的基础上，代表教学论微观领域研究的教学设计研究试图进一步把关于人的学习理论与具体的教育教学实际问题的解决连接起来。当时，行为主义心理学在心理学领域占主导地位。教学设计科学化运动首先把行为主义心理学的研究范式运用于教学领域。

行为主义心理学认为"学习就是强化"。以行为主义心理学为基础的教学设计理论同时吸收了自动控制理论和系统论的因素，试图确定在教学中实施行为主义"刺激—反应—强化"模式的最有效的手段和程序，其基本思路是开发一种教学程序系统，以准确分析学习者的行为表现，来确定要达到的行为目标，促使教学设计以达到预先确定的具体学习结果。

从 20 世纪 60 年代末期至 70 年代，行为主义在心理学领域的主导地位逐渐被认知心理学所取代，以认知心理学为基础的教学设计理论开始兴盛起来。认知心理学认为"学习是知识的获得"。但是，认知主义教学设计理论并非对以往的行为主义教学设计理论的全盘否定，而是对行为主义教学理论的超越和发展。任务分析由分析人的行为表现以确定行为目标，转向于理解不同知识和技能领域中"能力表现"的发展阶段，以确定一个学科领域中能够把"新手"和"专家"区分开来的不同的学习水平。

在 20 世纪的大部分时间，教学领域中占支配地位的认识论观念，无论是行为主义还是认知主义，都属于客观主义的范畴。在客观主义认识论看来，教学过程即是传递客观知识的过程。作为知识传递过程的教学也具有客观性，它是由客观规律所决定的，其教学结果完全是可预期的、可重复的。

教学应遵循固定的程序和步骤。由于复杂知识可以还原、分解为简单知识，因此可以对知识教学进行缜密的程序设计。受客观主义认识论所支配的教学必然具有控制性质。教学是传递固定的、程式化的"客观"知识的过程，学生的心灵是被教学过程塑造的对象，需要忠实地接受各种"客观真理"。

进入 20 世纪 90 年代后，建构主义思潮迅速流行，各种学习理论进一步发展。这不仅直接导致教学设计领域发生了从关注教学到关注学习的研究基点的根本转移，而且全新的学习理念大大更新了教学设计研究者的学习观、知识观，以及相应的教学观，使教学设计进入了一个更加重视回应学习者的需求，更加关注发掘学习者的潜力，更加重视学习现象的社会性、实践参与性，更加面向真实性、多样性与复杂性的宽泛的研究领域。

建构主义不只是单一的学习理论，而是一系列相似的有关学习与教学的新观点的集合。不同于行为主义观点侧重外显行为的学习目标，也不同于类似计算机运行的认知的信息加工模型，坚持建构主义，特别是社会建构主义观点者强调，学习者只有通过对自己经验的解释，才能建构自己对真实的理解；学习者只有通过广泛的社会协商，才能创建具有社会意义的新知识；学习者只有浸润于人类文化的脉络之中，才能获得具有完整意义的知识。

更为重要的是，与建构主义思潮同时产生的还有有关学习的情境理论、社会文化理论、活动理论、学习的生态理论、日常认知与推理理论等，这些学习理论对于人的学习持相同的假设，共享着有关学习的相似的信念，形成有关知识建构性、意义协商性、认知的情境脉络性的学习观的共识。有关学习的隐喻也从学习是反应的强化、学习是知识的获得转变为学习是知识的建构、学习是有意义的社会协商、学习是实践的参与。由此可知，与之相对应的新的教学隐喻是，教学是创建优化的学习环境、教学是组建学习者共同体、教学是构建实践共同体等。

社会的变革与时代的新需求必然会导致对整个现行的教育、教学系统范式的反思，使重点关注人才的选拔与分类的教育体制转变为重点关注学习成为趋势，即关注如何帮助每一个人发掘自己的潜力。提供创设学习环境的指导将成为教学新范式的主要任务。在这种趋势下，新的教学设计研究范式必将在根植于核心思想和目标的同时，也将自身建设成为以新技术为支撑的、促进人学习的、发掘人潜力的、支持社会协商与合作的、鼓励实践参与和创新的、开放的、包容的体系。

（二）数学课堂的学习动机与教学设计

学习目的是学习主体从事学习活动所要达到的预期结果，它对学习者的学习行为具有指向作用与动力功能。从学习心理学的角度回答为什么学习，即是学习动机问题。

学习动机是发动、维持个体的学习活动，并使之朝向一定目标的内部动力机制。从教学设计的角度来看待动机问题，就是如何在教学中引起和保持学生的学习动机，以保证学习任务的顺利完成。下面分别介绍认知、人本主义的视角下的动机观。

首先，认知主义的视角。认知主义心理学家普遍重视心理需要，当人的目的与环境之间出现某种不平衡或紧张时，便会引起各种心理需要。这种心理需要的状态会使人做出某种行动以恢复平衡或降低紧张感。

其次，人本主义的视角。人本主义心理学家强调应从整体角度来观察个体，其包括物理的、智力的、情感的和处于互动人际关系中的人，以及这些因素如何交互影响个体的学习与动机，着重关注个体对内在需要的知觉及自我实现的驱动力。

学习的动机理论对数学教与学有许多启发。它要求在进行数学教学设计时应注意以下几点。

第一，提出明确而又适度的学习目标和要求。讲授一门新课程、新知识之前，教师应先说明学习该内容的目的、任务以及重要性和必要性，而学生需要明确知道应该做些什么，教师将会怎样评价他们，以及学习的结果是什么。

第二，在安排教学过程和活动时，注意及时反馈环节与适当评价。让学生及时了解自己的学习结果（即反馈），可以加强其进一步学习的动机。

第三，学习任务和方式的设计要有利于学生参与。

（三）数学课堂的知识观与教学设计

什么是知识，不同的哲学观有着不同的回答。例如，实证主义观点认为，知识就其本质来说，都是通过主客体的相互作用产生的，是客观事物的特征与联系在人脑中的能动反映，也是客观事物的主观表征。而建构主义观点否认知识的客观存在，对同一个实体，不同个体有着建构自己对实体的描述和解读。

还有观点认为数学知识就是个体通过与客观事物在数与形方面的特征和联系的相互作用后获得的信息及组织。被储存于个体的大脑里，就是个体的数学知识；通过书籍或其他媒介来储存，就是人类的数学知识。

进行教学设计，不仅要知道知识是什么，还需要明确知识的类型，以了解不同知识学习的条件和特点。

数学知识的分类。从陈述性知识和程序性知识的关系中，可以认为，数学知识包括：数学的概念和原理（包括性质、法则、公式、公理、定理等）；由内容所反映的数学思想与方法；按照一定的程序以及步骤进行运算、处理数据、推理、作图、绘制图表等数学技能。数学概念、数学原理对应于陈述性知识，而数学思想与方法和数学技能则对应于程序性知识，其中数学技能对应于数学领域的自动化基本技能，而数学思想与方法对应于策略性知识。根据认知心理学的有关研究，有效的问题解决通常要依赖基本技能成分的自动化。自动化的基本技能可以不占用学生有限的记忆空间，因而能将更多的注意力放在诸如计划、监控这样的高水平技能上。数学教学要促进基本的数学技能的自动化。数学思想方法是隐性的，也不能自发产生，只有有意识地教学才能为学生所掌握。

上述关于数学知识的分类是相对的，其意义在于帮助人们更加深入地认识清楚数学知识的本质，并以此为依据确立数学教学目标、提出数学教与学的策略，以有效指导学生地学习。

（四）数学课堂学习过程观与教学设计

学习过程观即是关于学习是怎样进行的，这是一个关于学习的一般机制的问题。以下认知主义的结构观、信息加工观以及班杜拉的社会学习观是较有影响的三种观点。

1.认知主义的结构观

认知主义的结构观强调学习就是学习者内部认知结构的形成和重组的过程。建构主义心理学家认为学习是学习者主动地建构内部心理表征的过程，这主要包括两方面的建构：一是对新信息的意义的建构，二是对原有经验结构的改造与重组。

2.信息加工观

借助认知心理学的信息加工模型，有学者认为学习者的学习是一系列过程，过程的每一阶段完成着不同的信息加工。例如注意的过程、信息的知觉、编码、储存和提取等。

3.班杜拉的社会学习观

班杜拉的社会学习观认为人的态度和行为学习主要受榜样的影响。在外部榜样提供的刺激作用下，学习者内部要经历注意、保持、生成和动机四个过程。从以上有关学习过程理论的介绍可知，不同学派的心理学家对学习的一般过程的看法有着共同点。例如，都强调认知与情感的协调发展对个体学习的重要意义。各种理论也存在一定分歧，这是因为每一种理论都不能十分圆满地解释极为复杂的学习现象，所以它们共同构成教学设计的理论基础。建构主义观点则不仅关注教学设计如何适应学生的原有知识和经验的问题，而且有助于领会研究性学习、合作学习等数学教学模式带来的重要意义。

（五）数学课堂学习评价观与教学设计

数学学习评价观是数学教学中不可缺少的一部分。通过评价，教师和学生可以从中获得关于学生学习的反馈信息，既了解到学习结果，又了解到教学过程中存在的问题，从而为改进和调整数学教学提供依据。教学评价既是检验数学教学效果的手段，又是对数学教学过程进行监控的方法。

（六）数学课堂教学理论与教学设计

1.教学理论中的教学观与教学设计

教学观与学习理论有直接的内在关系。例如，认知主义心理学派认为学习的基础是学习者内部心理结构的形成和改组，而教学就是促进学习者内部心理结构的形成和改组。认知心理学家始终提倡要把学生视为一个个涌动着活力的生命体，是蕴藏着巨大的潜能并有主观能动性的个体，教学只有用发展的眼光看待，并积极关注学习者自身内在的知识建构，这样的教学才算得上是有意义的。建构主义强调教学不是通过教师向学生单向传递知识就可以完成的，同时知识也不是通过教师传授而得到的，而是学习者在一定的情境即社会文化背景下，借助于其他人的帮助，利用必要的教学资料，通过意义建构的方式而获得的。

人本主义者提出教学不仅要重视学习者的认识发展，更要重视学生个人的情感体验。人本主义心理学家认为有效的教学必须以融洽的师生关系为前提。因而，教师在教学中需要有真诚的感情，表现出对学生的信任、理解、关心，以及无条件地关注学生的身心健康、尊重学生的个人情感、欣赏赞扬学生的优点等，从而促进学生自发、愉快、积极地学习。同时应把充满丰富情感体验的活动引进课堂，使学习者在具体生动的感悟中促使自身成为具有独立人格的一个有机体。

总之，启发式教学思想的核心，即学习是学生的一种特殊的认识过程；教学是教与学交互作用的双边活动，是师生双向反馈的教学相长的过程；学生是教学的主体，而教师是教学的主导；教师根据认知目标与情感目标并重的要求安排教学过程，以充分调动学生的知、情、意、行等诸方面的积极性，引导学生独立自主地开展思维活动，融会贯通地掌握知识，发展智力，培养能力，进而实现教育目标，达到全面发展。

2.教学理论中的教学结构与教学设计

教学系统是由教学要素按其内部联系，以一定结构组合而成的具有教学功能的有机整体。教师、学生、教学信息、教学媒体构成教学系统的基本要素。这几个要素之间相互联系、相互作用构成了一定的教学结构。在不同教育思想、教与学理论的指导下，形成了结构形式不同的教学活动过程。

教学结构设计的根本任务是认真研究各个要素之间相互作用的规律，处理好各个要素及其相互作用所形成的各种矛盾关系，以建构一种教师的主导作用得以充分发挥、学生学习的主体作用得以充分体现、多种媒体的功能优势得以充分利用、教学内容得以完整和准确把握的新型教学模式。

3.教学理论中的教学媒体与教学设计

教学媒体，是指教学活动中交流、传递信息的技术工具和手段。教学媒体有广义和狭义之分。

广义上的教学媒体，指一切可承载和传递教学信息的人、物和技术都属于教学媒体，其包括教师、黑板、教科书、教具和模型等传统教学媒体，同时包括幻灯、电视、广播、计算机、多媒体、网络等现代教学媒体。而狭义的教学媒体是指可承载和传递教学信息的现代电子媒介和技术，主要指上面所说的现代教学媒体。平时所说的教学媒体主要指狭义的教学媒体。在数学教学设计中，必须重视数学教学媒体的选择与设计，因为它直接影响到教学信息传输和表达的效果。关于教学媒体在数学教学中的作用，以及选择教学媒体的原则等已在许多教材中有论述，在这里，根据当前信息技术的发展情况，提出信息技术支持下的三种教学模式，以期对数学教学设计有所启发。

首先，信息技术应用于教学的模式。近十几年来，随着计算机的发展，出现了许多高质量的数学软件。许多教师也在逐步地应用计算机和图形计算器来辅助数学教学。另外，人们可以利用网络以获取更多的信息，可以实现同步的远距离学习。所有这些，对于传统教育方式都产生了很大的冲击。利用信息技术，可以做许多传统教育方式难以办到的事情。

基于信息技术在数学教学中的应用，目前立体化教学设计主要有三种模式：利用信息技术展示问题发生、发展过程的演示模式；学生利用信息技术进行自主学习的探究模式；以学生使用计算机软件为主的研究性学习的模式。

其次，数学教学使用技术的原则。在现代教学设计中，教学媒体不是独立地存在于教学之中，而是与教学方式结合在一起成为教学策略的要素。教学媒体不仅要发挥传递知识信息的功能，还应在情境创设、思想方法的展开和过程体验等方面发挥作用。笔者认为在数学教学中使用信息技术，应当遵循四条原则："必要性""平衡性""实践性"和"广泛性"。必要性即信息技术的使用不是要替代传统的教学工作，而是要发挥信息技术的力量，做过去不能做或做得不太好的事情，以更好地组织和管理教学资源，构建交互式、多样性的学习环境，帮助学生进行数学思维和探究活动，加强其对数学知识的基本理解和直觉感知。平衡性即应当使信息技术的应用与传统的纸笔运算、逻辑推理、作图列表等之间达到一种平衡。实践性即在信息技术参与下，极大地拓展了师生之间的实践活动空间，为学生通过丰富的活动而不仅仅是依赖语言来构建对知识的理解提供了可能，从而产生了更多的学习方式。广泛性即数学课程与信息技术整合的主要目的是丰富学生的数学学习，促使学生利用信息技术进行主动、有效的数学学习。

总而言之，要根据教学内容的特点及学生学习的需要，恰当地选择和运用教学媒体，有效整合教学资源，以更好地揭示数学知识的发生、发展过程及其本质，帮助学生正确理解数学知识，发展数学思维。

4.教学理论中的教学过程与教学设计

现代教学系统由教师、学生、教学内容和教学媒体四个要素组成，教学系统的运动变化表现为教学活动进程，即教学过程。教学过程是课堂教学设计的核心，教学目标、教学任务、教学对象的分析，教学媒体的选择，课堂教学结构类型的选择与组合等，都将在教学过程中得到体现。

传统的教案编写是一种单一、线性的活动，其主要考虑教学目标、教学步骤和解题方法等。现代教学设计需要进行多维度、多层次的考虑和设计。它在每一个教学环节都要同时考虑教学的内容和目标、教学组织中活动的主体（学生、教师，还是由他们共同参与）、行为（探索、思考、讨论、操作等）和方式、媒体的使用、时间的分配以及对教学效果的预期，等等。在一定的单位时间内对于教学诸多因素不是沿"教"这条单行线前行，而是在学与教的相互作用中朝着教学目标进行。

数学教学过程的设计不仅与教师的数学学科知识有关，更与教师能否把个人对于数学概念及其关系的本质理解转化为促进学生数学能力发展的数学任务或活动，以及选择有效的教学策略和方法有关。选择适当的数学任务、教学策略与方法的目的是促进学生对数学知识的理解和掌握，以及培养学生数学能力的发展。遵循数学教学设计的一般原则，选择恰当的教学策略和方法，并使这些要素之间形成一个有机的整体。

二、中国及日本的数学课例研究与设计

（一）中国数学课例集体教研及示范课

最近，中国传统的集体教研制度，以及示范课的开发引起许多国内外学者的关注，研究者试图从中探索中国优秀数学教学的特征以及开发过程。这些研究主要展示了中国基层学校怎样通过请专家教师设计和改进示范课来面对新课程实施引起的内容和教学方法等方面的挑战，以及学校教研组怎样通过指导新任职教师做示范课，以帮助年轻教师提高教学技能。研究表明，以骨干教师或专家教师等组成的实践共同体通过合作设计，提出问题或改进意见；同时，教师通过不断进行教学实践，反思教学的效果，接受专家的指导，可以逐步达到对教材、教学任务的问题设计与练习的内容的深刻理解。

中国基础教育在长期的实践发展中不仅建立起了以教学研究为职能的机构、教研制度，而且形成了广泛的以教学研究为内容的教研活动，其中最典型的就是以集体备课、上观摩课、听课、评课为主要方式的集体教研活动。在新一轮课程教学改革的推动下，"校本教研"作为以学校为基础的在职教师研究教学的活动再次得到空前的重视。

当前，校本教研活动的参与者一般由学校管理者，师范大学或教育学院、当地教研部门组成的专家，学校一线教师的共同体组成，以"聚焦课堂"作为当前校本教研活动的核心，即"实践反思、同伴互助、专业引领"。以课例为载体，强调专业引领和行为跟进，通过共同经历原行为阶段、新设计阶段和新行为阶段来改进教师的课堂教学。教师在前两个阶段、后两个阶段之间会有两个不同类型的差距——同时是教师更新理念、调整行为的过程，教师正是在这个行动过程中获得了较大的收益。

以学校为基础的教研组在 1952 年建立之初的主要职责是"研究和提高教学方法"，进入 21 世纪，伴随新一轮国家课程改革的开展，又增加了"推广基础教育改革中优秀的教学经验"的责任。

教研组活动一般包括课前关于教学计划的讨论，以帮助教师准确地把握知识的重点与以往教学中出现的难点，并据此合理地对教学内容进行安排，这是中国教师集体备课中关注的首要问题。课后的讨论一般包括两部分：一部分是针对教学过程中存在的问题进行讨论；另一部分是通过充分的讨论形成新的教学设计，为新一轮的教学做准备。

中国的教研系统主要针对在职教师的专业发展。其一，教师通过参加上公开课、观课、评课等教研组活动，可以加强自我学习，以及获得向其他同行学习的机会，增强实践智慧；其二，形成对数学内容的深刻理解；其三，在行动中学习和运用教学理论。

（二）日本数学课例研究

日本的课例研究是从日本明治时期（19 世纪 70 年代）发展起来的一种旨在促进教师专业化发展和研究自身的教学实践的活动。20 世纪 90 年代末，这种课例研究又被介绍到美国、加拿大等国家或地区，并引起这些国家或地区的研究者和教师的极大兴趣。

数学课例研究与数学教学设计有着很大的关系。主要表现在以下几点。

首先，课例研究作为促进教师专业化发展的一种教育模式，它主要是以课例的设计、反思与修正为核心的。

其次，课例研究从形式上表现为一系列的程序步骤，类似于一般的教学设计的流程。课例研究一般包括八个步骤：①确定问题；②设计课堂教学计划；③实施课堂教学；④对教学进行回顾和评价；⑤重新思考课堂教学；⑥重新实施课堂教学；⑦再次回顾和评价；⑧分享课例研究的有关结果。步骤①至④组成课例研究的第一阶段，依据在回顾此阶段对这节课所得出的评价，对教学按步骤⑤至⑦重新进行修正。课例研究不仅强调课前教学内容的计划与方案的制订，更重视教学实践后对课例计划的反思、评价与修正，这与现代教学设计的理念相一致。

课例研究中回顾部分的目的就是通过分析原目标或计划与实际课堂发生的两者之间的

不一致的方面，来探索如何提高课堂教学效果。其中一个重要意义就是促进发现新问题，或原来教学设计中未曾注意的议题。在回顾部分，教师首先简要地介绍和解释这节课的教学目标。其次根据课前的教学设计，描述这节课每个阶段上使用的教学材料资源、学生的特征和地位，还要解释课堂上实施的每个问题和活动的合理性。最后，每位参加观课的教师应依据自身的教学经验表达各自的观点；针对课堂上提出的问题，或教师作为引导者的作用，以及关于学生的表达和学习活动等方面进行交流，从中吸取教育经验，取长补短。

（三）日本数学课例研究的启发

从关注"具体的教材教法的研究"转变为关注"以促进学生的发展为核心、学生掌握学习的有效教学策略研究"是从教案走向现代数学教学设计的根本转折点。从日本的课例研究中，有下面几点值得教师在进行数学教学设计时认真地学习和吸收。

第一，日本的课例研究是一个强调合作，以及在实践基础上不断发展、修正的教学设计过程。这正是现代教学设计的核心理念和灵魂。课例研究有两个核心：①同伴观课。通过同伴之间的回顾、评论和合作，以提高教师自身的专业知识和教学技能；②通过反思实践，形成一条以提高和丰富教师自身教学策略的途径。构成课例研究小组的成员可以跨年级、跨学校一起讨论、合作规划教学，这种方式一直伴随课例研究的各个环节。例如，一节课的教学目标怎样设置才能适合不同年级相关内容的学习，以及从哪些方面评价学生的思维才是有价值的，等等。在教学设计重新修改后，通常由另一位教师来再次授课，以获得关于学生的思维方式、思维品质方面的优势与不足等更为全面、准确的信息。大多数日本教师一年要参加约 10 节研究课。对许多参与课例研究的教师而言，参加研究课并不仅是改善一节课的教学，而是修建一条持续改进教学的通道。

第二，以课例研究为载体研究新课程，发展和传播教学方法。日本课例研究的发展史就是一部日本的教育课程和教学改革的缩影。它的产生与发展见证了从个别教学到班级教学、从分科教材到混编教材、实物教学法思想、同伴学习、"以问题解决为中心""书桌指导"等教育教学改革的实施。这使课例研究在发展新的教学取向和方法方面发挥出了巨大的作用。

第三，观课、评课和修正课例都强调以学生的思维为视角，而不是教师的能力。日本课例研究始终以改善学生的学习为根本目标。这也是研究组的成员必须坚持的。由于日本现行数学课程标准强调学生主动地、自主地思考的能力。例如，怎样在学科导向的学习中培养学生主动思维的问题，是一个十分重要的实践研究主题。而课例研究的准备活动就在这个主题下进行。在许多课例研究中，还要求教师设计出以测量学生学习完成水平的计分目录。

第三章　初中数学课堂有效性教学方法

第一节　初中数学的教学方法

一、明确教学目标

（一）优化教学方法

目前，初中数学的教学目标不再是简单地以完成教学任务，而是根据我国教育的性质、任务和课程目标，以及结合数学学科的特点和中学生的年龄特征来完成教学任务，同时更要注重知识传授、能力培养、思想、个性品质等方面的教育任务。特别是现行初中数学的教学目标，就明确提出了要"运用所学知识解决问题""在解决实际问题过程中要让学生受到把实际问题抽象成数学问题的训练""形成用数学的意识"。作为一名数学教师，必须对其教学目标有明确的认识，并紧紧围绕教学目标有针对性地展开教学。我们必须全面、深刻地掌握数学教学目标，并在教学过程中，不断注重教学方法的改进，优化教学环境，从而高质量地完成教学任务。

结合初中数学大纲，就初中数学教材进行数学思想方法的教学研究。要通过对教材完整的分析和研究，厘清和把握教材的体系和脉络，统揽教材全局，高屋建瓴。然后，建立各类概念、知识点或知识单元之间的界面关系，归纳和揭示其特殊性质和内在的一般规律。例如，在"因式分解"这一章中，我们接触到许多数学方法——提公因式法、运用公式法、分组分解法、十字相乘法等。这是学习这一章知识的重点，只要我们学会了这些方法，按知识—方法—思想的顺序提炼数学思想方法，就能运用它们去解决成千上万分解多项式因式的问题。又如结合初中代数的消元、降次、配方、换元方法，以及分类、变换、归纳、抽象和数形结合等方法性思想，进一步确定数学知识与其思想方法之间的结合点，建立一整套丰富的教学范例或模型，最终形成一个活动的知识与思想互联网络。

（二）强化数学思想

以数学知识为载体，将数学思想方法有机地融入教学计划和教案内容之中。教学计划的制订应体现数学思想方法教学的综合考虑，要明确每一阶段的载体内容、教学目标、展开步骤、教学程序和操作要点。数学教案则要就每一节课的概念、命题、公式、法则以及单元结构等教学过程进行渗透思想方法的具体设计。要求通过目标设计、创设情境、程序演化、归纳总结等关键环节，在知识的发生和运用过程中贯彻数学思想方法，形成数学知识、方法和思想的一体化。

应充分利用数学的现实原型作为反映数学思想方法的基础。数学思想方法是对数学问题解决或构建所做的整体性考虑，它来源于现实原型但又高于现实原型，往往借助现实原型使数学思想方法得以生动地表现，有利于对其深入理解和把握。例如分类讨论的思想方法始终贯穿整个数学教学中。在教学中首先要引导学生对所讨论的对象进行合理分类（分类时要做到不重复、不遗漏、标准统一、分层不越级），其次逐类讨论（即对各类问题详细讨论、逐步解决），最后归纳总结。教师要帮助学生掌握好分类的方法原则，形成分类思想。

数学思想方法的渗透应根据教学计划有步骤地进行。一般在知识的概念形成阶段导入概念型数学思想，如方程思想、相似思想、已知与未知互相转化的思想、特殊与一般互相转化的思想等。在知识的结论、公式、法则等规律的推导阶段，要强调和灌输思维方法，如解方程的如何消元、降次、函数的数与形的转化、判定两个三角形相似有哪些常用思路等。在知识的总结阶段或新旧知识结合部分，要选配结构型的数学思想，如函数与方程思想体现了函数、方程、不等式间的相互转化，以及分数讨论思想体现了局部与整体的相互转化。在所有数学建构及问题的处理方面，注意体现其根本思想，如运用同解原理解一元一次方程，应注意为了简便而采取的移项法则。

（三）重视教学实践

在知识的引进、消化和应用过程中促使学生领悟和提炼数学思想方法。数学知识发生的过程也是其思想方法产生的过程。在此过程中，要向学生提供丰富的、典型的以及正确的直观背景材料，创设使认知主体与客体之间激发作用的环境和条件，通过对知识发生过程的展示，使学生的思维和经验全部投入接受问题、分析问题和感悟思想方法的挑战之中，从而主动构建科学的认知结构，将数学思想方法与数学知识融汇成一体，最终形成独立探索分析、解决问题的能力。

概念既是思维的基础，又是思维的结果。恰当地展示其形成的过程，拉长被压缩了的"知识链"，是对数学抽象与数学模型方法进行点悟的极好素材和契机。在概念的引进过程中，应注意几点：①解释概念产生的背景，让学生了解定义的合理性和必要性；②揭示概念的形成过程，让学生综合概念定义的本质属性；③巩固和加深概念理解，让学生在变式和比较中活化思维。在规律（定理、公式、法则等）的揭示过程中，教师应注意灌输数学思想方法，以培养学生的探索性思维能力，并引导学生通过感性的直观背景材料或已有的知识发现规律，而不过早地给结论，应讲清抽象、概括或证明的过程，充分地向学生展现自己是如何思考的，使学生领悟蕴含在其中的思想方法。

（四）形成数学思维

通过范例和解题教学，综合运用数学思想方法。一方面要通过解题和反思活动，从具体数学问题和范例中总结归纳出解题方法，并提炼和抽象成数学思想；另一方面在解题过程中，充分发挥数学思想方法对发现解题途径的定向、联想和转化功能，能做到举一反三，触类旁通，以数学思想观点为指导，灵活运用数学知识和方法来分析问题、解决问题。

范例教学通过选择具有典型性、启发性、创造性和审美性的例题和练习进行。要注意设计具有探索性的范例和能从中抽象一般和特殊规律的范例，在对其分析和思考的过程中展示数学思想和具有代表性的数学方法，以提高学生的思维能力。例如，对某些问题，要引导学生尽可能地运用多种方法，从各条途径寻求答案，找出最优方法，培养学生的变通性；对某些问题可以进行由简到繁、由特殊到一般的推论，让学生大胆联系和猜想，培养其思维的广阔性；对某些问题可以分析其特殊性，克服惯性思维束缚，培养学生思维的灵活性；对一些条件、因素较多的问题，要引导学生全面分析、系统综合各个条件，得出正确结论，培养其横向思维等。此外，还要引导学生通过解题以后的反思，优化其解题过程，总结解题经验，提炼数学思想方法的教学。

长期以来，初中数学教学侧重对教的研究，但是对学生如何去学，如何通过有效的目标来调整数学教学中可能出现的问题，以培养学生的学习能力、自主能力与创新能力，而缺乏明确的认识与研究，因此在新课标条件下，初中数学教学方法就有必要进行更进一步的探索与研究，以适应教学改革的需要。

二、提升教学效果

（一）激发学习兴趣

课堂教学过程是师生相互交流的互动过程。师生均以一种积极的心态进入教学过程，是学生主动参与学习并取得良好教学效果的前提，同样更是初中数学教学的主要渠道。

注意学生学习兴趣的培养，激发学生的学习热情与学习兴趣是学生学习主动性的体现，也是学生学习活动的动力源泉。古往今来，很多教育家都非常重视对学生学习兴趣的培养、引导和利用。孔子曰："知之者，不如好之者。"说明"好学"对教育的重要性。作为教师要做到以"趣"引路，以"情"导航。在教学活动中，教师的讲授和学生的学习总是或多或少地带有一些感情色彩，即教育情感性。任何学生对教师的第一节课都会产生期待心情，这种期待主要表现为：对教师外表形象的期待；对教师言谈举止的期待；对教师课堂教学的期待。在教学实践中，我们发现有许多学生对于自己喜爱的教师，感兴趣的教学内容，引人入胜的教学方法等都会表现出极大的投入，其学习思维就会与教师的教学保持着和谐、完美的统一。学生通过这种方式学会了运用知识来解决问题，并从中体验到成功的乐趣，从而产生了想要进一步学习的愿望。作为初中数学教师应该认真研究学生的这种心理倾向，并通过这种途径来培养学生的求知欲望，引导学生形成良好的意识倾向，教师要充分相信每一名学生的潜能，并鼓励每一名学生主动参与学习。

（二）突出学生主体

长期以来，许多学校的课堂教学都存在着一个严重问题，即只注重教师与学生之间的"教"与"学"，而忽视了学生与学生之间的交流和学习，从而导致学生自主学习空间萎缩。其表现为：教师权威高于一切，对学生要求太严；课堂气氛紧张、沉闷，缺乏应有的活力；形成了教师教多少，学生学多少，教师"主讲"，学生"主听"的单一教学模式，违背了"教为主导，学为主体"的原则。因此，要想充分发挥学生的主体作用，就必须课堂上多给学生留出一些让他们自主学习和讨论的空间，使他们有机会进行独立思考、相互讨论，并发表各自的意见，利用教师的主导作用，引导学生积极主动地参与教学过程。教学中，在教师的主导下，坚持学生是探究的主体，引导学生对知识发生、形成、发展的全过程进行探究活动。让学生学会发现问题、提出问题，并逐步培养他们分析问题、解决问题的能力。从而激起他们强烈的求知欲和创造欲。让学生从思想上产生由"要我学"到"我要学"的转变，真正实现主动参与。

（三）培养学习能力

数学能力实际上是学生在数学学习活动中听、说、想等方面的能力，它们不仅是数学课堂学习活动的前提和不可缺少的学习能力，也是提高数学课堂学习效率的保证。在数学教学活动中，"听"就是学生首先要听课，也要听其他同学对数学知识的理解和课后的感受，这就需要有"听"的技能。因此，教师要随时了解周围学生对知识要点的理解及听课的效果，同时，教师也可以向学生传授一些听课技能。例如：在听课过程中怎样保持注意力高度集中，思路与教师同步；怎样才能更好地领会教师的讲解；怎样学会归纳知识要点、重点；遇到不懂的地方怎么办；别的同学回答问题时，也要注意听，并积极参与讨论等。"说"就是学生对所学的数学知识能够用自己的语言进行描述，能够对数学中的概念做出解释，与同学之间进行讨论，向老师提出问题，使自己的见解和提出的问题易于被别人理解。"想"就是要发挥学生思维的"自由想象"。例如，我们在讲完"圆的有关性质"后，提出"车轮为什么要做成圆形的"，让学生充分发挥自由想象，在想象中去感受、体验，这样既活跃了课堂气氛，又让学生在想象中对所学知识得到了进一步的巩固。因此，在课堂教学中要尽量为学生创造有利于形成听、说、想能力的条件，并不断摸索培养的规律和方法。

随着我国教育事业的不断进步和发展，初中数学教师应紧跟时代的步伐，大力推进中学数学课程、教材、教法的改革，数学教师必须转变教育观念，改变教学方法，掌握新的教学基本功，为最终提高新课程的教学而加倍努力。

第二节　创新初中数学教学方法

一、鼓励教学法

（一）"以人为本"教学方法

鼓励教学法是一种常用的教学方法，托尔斯泰曾就此形象地说："激励能使人产生巨大的精神力量，是促使他人创造奇迹的催化剂和导火线。"赏识鼓励法是一种体现"人本精神"的教学方法，它有利于提高学生的学习兴趣和培养其创新精神，还有助于改变当前中学数学教学所面临的一些难题，在教学活动中广泛应用可以取得很好的成效。

正处在青春发育期的中学生，虽然性格处于敏感的叛逆期，但他们同样渴望着得到老师对自我的认可与赏识，从而达到自我实现的目标。因此，从人本关怀的角度来讲，教师在教学中多采取鼓励的方法，是符合人的心理特点的，也容易被学生所接受。

在日常的教学实践中，可以采取以下几种方式对学生进行鼓励：少批评，多肯定，培养其学习的兴趣与激情；多当众表扬，以满足其自我实现的心理需求；鼓励其开动脑筋主动思考问题，培养创新能力。这些鼓励方式的实行，使教师在教学实践中取得了较好的效果。学生都是朝着教师鼓励的方向发展的，而批评则有损学生自信心的树立，进而使学生缺乏学习的兴趣。数学课程由于其独特的知识体系，又稍显枯燥，多数学生普遍感到数学课不好学，存在一定的畏难情绪，甚至失去学习的信心，造成考试成绩不理想。在这种情况下，教师应该少批评学生，而是尽可能多地肯定他们已取得的成绩，挖掘他们身上在学习中的"闪光点"，表扬其与以往相比有进步的地方（哪怕是不起眼的一点小进步）。通过抓"闪光点"，来帮助学生树立自信心，克服畏难情绪，培养出学习的乐趣与激情。多当众表扬，以满足学生自我实现的心理。为了给学生创造一种自我实现的环境，在教学实践中教师应注意利用课堂提问的机会，当众表扬学生。具体的做法是根据学生成绩优异的差别，有针对性地让学生回答一些难易程度不同的问题。比如一些基本概念或直接应用本节课知识的简单问题，可以选择学习基础较差一些的学生回答。而数学知识综合应用这类较难的问题，则会让学习基础较好的学生回答。回答正确的学生，可以予以当堂表扬；回答不正确的学生，也不批评，而是引导其认真分析错误出现的原因，并对其勇于回答问题的表现进行表扬。在提问时，教师要注意语气亲切，表扬诚恳，发自内心，使学生感到教师是真诚地关心他们的。提问的难度也是循序渐进，逐步提高，以学生通过思考能回答为宜。使他们既不觉得老师是特意挑选容易的问题让他们回答，又使他们通过回答提问获得学习的成就感，使他们更进一步地爱上数学课。

鼓励教学法作为一种常用的教学方法，是一种真正闪耀着"人本精神"的教学方法，能够在实践中切实有效地解决当前中学数学教学所面临的一些难题，对于提高学生学习数学的积极性，以及提高其数学成绩起着非常重要的作用。

（二）以学生为主体

长期以来，许多学校的课堂教学存在一个严重的问题，即只注重教师与学生之间的"教"与"学"，而忽视了学生与学生之间的交流和学习，从而导致学生自主学习空间萎缩。其重要表现为：教师权威高于一切，对学生要求太严太死；课堂气氛紧张、沉闷，缺乏应有的活力；形成了教师教多少，学生学多少，教师"主讲"学生"主听"的单一教学模式。违背了"教为主导、学为主体"的原则。长此以往，使学生在学习上依赖性增强，而缺乏独立思考问题和解决问题的能力，最终导致产生厌学情绪，致使学习效率普遍降低。因此，教师在教学过程中要鼓励学生主动学习，以充分发挥学生的主体作用。

1.创设情境，活跃思维

精彩的课堂开头，往往给学生带来新异、亲切的感觉，不仅能使学生迅速地由抑制到兴奋，还会使学生把学习当成一种自我需要，自然而然地进入学习新知识的情境。因此，创设一个利于学生学习的情境，不但能激发学生学习兴趣，激起学生好奇的心理，促使学生由"好奇"转化为强烈的求知欲望，还活跃学生的思维，从而使他们尽快地进入最佳学习状态。

2.独立思考，自主探索

教学应为学生提供自主探索的机会，鼓励学生在讨论的基础上发现知识。比如讲授"轴对称图形"时，教师可出示松树、衣服、蝴蝶双喜等图形，让学生讨论这些图形具有的性质。学生经过讨论得出"这些图形都是沿一条直线对折；左右两边都是对称的，这些图形的两侧正好能够重合"。学生自己得出了"轴对称图形"这个概念。为了加深学生对数学知识的理解，当学习了"轴对称图形"之后，可以让学生两两之间提问生活中的（如数字、字母、汉字、人体等）"轴对称图形"。学生在自主探索的过程中，经历了观察、实验、归纳、类比直觉、数据处理等思维过程。

3.协同合作，共同交流

为了促使学生合作交流，教师在教学组织形式和教学方法上要变革，由原来单一的班级授课制转向班级授课制、小组合作学习多种教学形式。教师可指导学生在小组中从事学习活动，借助学生之间的互动，有效地促进学生的学习，并以团体的成绩为评价标准，共同达成教学目标。教师在教学中，应注意如下几个方面：首先，合理分组。为了促进学生进行小组合作学习，应先对全班同学进行适当分组。分组时要考虑学生的能力、兴趣、性别、背景等因素。一般讲，应遵循"组内异质、组间同质"的原则，保证每个小组在相似的水平上展开合作学习。其次，明确小组合作的目标。合作学习由教师发起，但教师不是合作中的一方。这种"外部发起式"的特征决定了学生对目标的理解尤其重要。只有理解了合作目标的意义，才能使合作顺利进行。因此，在教学中，每次合作学习，教师大致应明确提出合作的目标和合作的要求。

在教学中要鼓励学生大胆创新，自主探究，敢于挑战教材，挑战教师。如果每一节课学生都能对所学的知识多问几个为什么，甚至能对一些观念、定理、公式提出自己独特的看法，这样才会不断有新思想涌现，久而久之，他们才会逐渐树立创新意识。教师在数学教学中，不断地改进教学方法，更新教学观念，培养学生创新意识，有利于提高学生学习数学的兴趣。

二、释疑解难法

（一）数学教法与学法的关系

中学教学过去比较注重教的方法的研究和实施，而对学生学的方法（以下简称学法）的探索和指导很不够，致使学生的学法逐渐向单一的"死记硬背"方向发展，严重地阻碍了学生聪明才智的发挥，甚至影响到学生身心的健康成长，更影响了国民素质的全面提高。而针对这种情况《中国教育改革和发展纲要》明确提出"中小学要由应试教育转向全面提高国民素质的轨道"，为基础教育的改革和发展指明方向。所以改革教法必须同时研究学法，使学生不但能"学会"，而且能"会学"。

1.教法与学法的关系

教学中教法与学法的关系是对立统一的，学生中好的学法有赖于教师的指导和培养。教师备课时，用什么方法来掌握和熟悉教材内容，同时，还要考虑用什么方法使学生用科学的学法来掌握知识的灵活运用。可见教学过程可以看作是"由学转化为教，又由教转化为学的过程"。

2.教师的主导与学生主体

我们传统教学中普遍存在的弊端是教师讲，学生听，最后造成"满堂灌""一言堂"。表面上看似乎教师的主导作用很突出，其实质上是抹杀了学生的主导地位。教学中，教师虽然不能代替学生学习，但是可以促进学生的认识、学习过程，并提高这一过程的效率。

3.基础知识教学和学法指导的关系

重视"双基"教学，这无疑是正确的。进行学法指导的目的之一就是使学生更好地掌握基础知识，进而去学习、探索新知识。学习都要有一定的方法，而科学的学法会促进学生对基础知识的学习。在教学中，"双基"教学就成为学法指导的基础，而搞好学法指导，又会提高"双基"教学的质量。

我们明确几个关系之后，教师应结合应用题教学，根据不同内容，适时引导学生学习运用有关学法，在教学中注意渗透比较、分类的一些基本观点，让学生逐渐学会分析、比较，并掌握应用题的一般解题规律。

（二）数学教法与学法的应用

以列方程（组）解应用题为例，列方程（组）解应用题在教学中既是重点又是难点。其之所以是重点是由于它可以初步解决一些现实生活中的问题，进而直接为现实生活服务，培养学生分析问题和解决问题的能力。事实上，列方程（组）解应用题就是要在错综复杂的数量关系中，去寻找已知与未知的内在联系，这就是对问题中所涉及的各种数量关系作精细的分析，要求我们必须有正确的思维，也要求我们运用科学的方法。因此通过解应用题的方法，可以发展学生的逻辑思维能力，而这正是中学数学的教学目的之一：为学物理、化学等其他学科服务。其之所以是难点，概括地说，这段教材难教、难学。我们知道有的教材难教但并不难学；而有的教材是难学但并不难教，可是列方程（组）解应用题既难教又难学。

1.多样化答题方式

列方程组并不像解方程那样有法可循，因为对于同一个问题由于其思路不一样，可以列出很多不同的方程，若一步考虑不到或不周，就会陷入困境之中，由于客观实际的内容丰富多彩，所以其反映在数量关系上又是多种多样，企图用一个公式或法则去解决它是不可能的，而这就要求我们对具体问题做出具体分析，这对初学者来说比较困难。

2.多角度分析问题

列方程解应用题就要善于分析实际问题中已知与未知，找出它们之间的关系，从而列出方程，这就要求我们仔细地分析题意。分析的方法就是辩证的方法，所谓分析，就是分析事物的矛盾。对矛盾不真正了解，就不可能有中肯分析。也就是说，要有中肯分析，也要熟悉生活。但是应用题里所涉及的有些东西，是学生不熟悉的，这就增加了教师教学的难点。对于重点，我们要保证足够的教学时间；对于难点，要做教学法上的处理。学生如何学会分析，掌握应用题的解题技能，我在指导学法的实践中是从以下几个方面入手的。

（1）读题。读题是解方程的第一步，如果题都读不懂，那列方程就无从谈起。读题应注意：题中哪些条件是已知的，哪些是未知的，已知量与未知量之间有什么关系，这些关系是直接给的（如和、差、倍、分），还是由生产实际给出的（本金+利息=本息和）。

（2）注意单位。要让学生明确选择字母表示未知数时应附上单位；组成方程时，两边只需数值相等，不必写出单位。但是相等的条件是由于量的关系，所以两边表示的量的单位又必须相同，如果单位不同应化成同一单位。

（3）设未知数。解应用题时，组成方程的各个代数式，都是以未知量作为已知条件所组成的。如果代数式中不含未知量，则也就不成为方程了。可见，未知量不仅是探求目的，也是分析问题的核心。因此，解方程应正确的选定未知量。

三、多媒体教学法

（一）多媒体教学法的意义

1.提高学生学习兴趣

初中学生正处于形象思维向抽象思维过渡的时期，由于他们在小学阶段习惯根据具体的事物来判断和分析问题，到了初中，特别是高年级学段，数学课本中的一些晦涩难懂的概念、变化多端的过程、纷繁复杂的图形，很多学生很难把握其中的关键之处，也理不出其中的头绪，使他们很容易陷入困境。长此以往，学生便会觉得数学这一门学科无趣无味，逐渐丧失了学习数学的兴趣，直至厌倦数学，抵制数学。而如果我们针对这一现象，巧妙利用计算机对数学图形进行分解，对图像进行动态的跟踪，便可将复杂的图形简单化，将复杂的运动过程化、细微化，将其直观地展现在学生面前。如果在此过程中，教师再在动态的变化中植入一些灵动的声音，更可以充分调动学生眼、耳、口、脑等各个器官，使他们体会数学课堂的与众不同，从而轻松愉快地参与进来。例如在线段的垂直平分线、角平分线概念教学过程中，我运用动画将线段的垂直平分线、角平分线表示出来，充分体现垂直平分线和角平分线的特点。在学习圆的知识时，可以运用动画不断变换角的顶点、角的边与圆的位置关系，让学生从运动的角度去理解圆心角、圆周角、弦切角与圆的位置关系，从而让学生把握这些角之间的相互联系。多媒体的这些丰富的表现形式能够使抽象的数学概念变得浅显易懂，使学生乐于接受。通过实践证明，学生在多媒体的设计引导下，可以产生强烈的探奇觅胜的心理，以此对数学课堂产生浓厚的兴趣。

2.优化数学教法和学法

任何一门学科的学习都有其独特的学习方法，要求学生在学习中结合学科特点和自身实际，总结出适合自己的学习方法是非常重要的。在数学学科的学习过程中，这一点尤为突出，很多学生在学习过程中，完全是盲人摸象，误打误撞，从不注重方法的选择，这不仅导致学习效率的低下，更会影响学生的学习兴趣。因此，教师在教学中，要善于对学生进行学法指导，不断帮助学生总结学习方法，厘清知识的结构，让学生在轻松愉快的氛围中学习数学。而在此过程中，通过运用多媒体手段，可以让纷繁复杂的数学过程变得清晰，使抽象的问题变得简单。如"二次函数的增减性"是一个学习难点，传统的教学中，教师总是通过静态图形去和学生讲解分析，往往教师大费口舌，学生还是一头雾水，或者部分学生也只能死记结论，而对函数增减性的实质根本不能理解，更不可能去主动探索了。在教学时，教师要充分发挥多媒体技术寓教于乐的优势，将这一知识点设计成动画片。结合画面，让学生观察比较，进而分析、总结出函数变化的规律。通过这样的设计，不仅巧妙地将数形结合思想、化归思想等渗透给学生，也教给了学生分析解决问题的方法，更让他们学会了面对问题和困难应该如何去思考，如何突破思维的"瓶颈"，找到解决问题的方法和途径，从而为学生学会研究、探索问题，培养终身学习的意识和方法，起到了重要的推动作用。

3.突出教学重难点

数学是思维的体操，其对学生的思维能力、思维品质要求较高。而初中学生由于其自身思维的特征，往往会形成思维与认知之间的矛盾，造成认知的障碍。为此，教师在数学教学中运用多媒体进行教学，可以为学生认知与思维之间搭建起顺畅的桥梁，实现教学重难点的有效突破。如教师在教学图形的平移、旋转等知识时，教师在电脑上通过动画演示图形变换，将其投影到大屏幕上，使空洞抽象的知识变得直观易懂；再如教学"圆和圆的位置关系"时，利用多媒体动画展示平面内两圆的位置关系，让学生发现其特征，从而掌握不同位置关系的判断方法，突破了教学重难点。教学过程中教师通过运用多媒体技术，不仅能让数学知识变得浅显易懂，而且可以使学生在突破学习障碍之后获得成功的快乐。

4.培养创新精神

丰富多彩的信息资源，可以开拓学生的视野，激发学生的思维，增强他们的想象，培养学生的创新精神。教师通过运用多媒体技术可以改变学生的学习方式，实现学生创新能力的培养。数学课堂中运用多媒体，可以给严肃枯燥的课堂增添无穷的魅力，只要我们精心设计，巧妙运用，多媒体技术必然能够充分发挥出它独特的优势，使抽象、概括和富含逻辑的数学概念直观化、形象化、简单化，从而让学生在轻松愉快的气氛中获取数学知识，进而内化为能力。我们有理由相信，只要我们广大数学教师不断创新方法，勇于实践，同时在多媒体技术的帮助下，我们的数学课堂一定会绽放出绚烂多姿的花朵。

（二）多媒体教学方法的特点

1.备课过程改变

教师在以往的备课过程中，总是通过查阅图书参考资料和教材内容，将教学内容大篇幅抄在教案本上，然而通过电子备课，除得到课本知识和参考资料外，还有很多的课外知识补充给学生，备课内容也直接通过打印机打印，在电脑上增删内容，节约了备课时间，使备课过程由繁向简转变。

2.学习方法上的转变

传统教学过程总是将教学内容，以板书形式写在黑板上，学生学习以记为主，方法上缺少突破，而利用多媒体教学，学生注意力从黑板转向电视屏幕，学习内容从枯燥的文字转为优美的图像、图片、声音、动画，使学生从被动学习转向主动学习，从乏味转向兴趣，让学习方法的转变带来了学习效果的改变。

3.教师教学方式发生转变

在以往的教学过程中，粉笔充斥整个课堂，而利用多媒体进行教学，鼠标代替了粉笔，屏幕取代了黑板，节省了课堂板书时间，使教学过程变得生动活泼，一些抽象内容通过影像变得更为直观，教学方式的转变带来环境的改变以及教学效果的改变。

总的来说，教师利用多媒体教学节约了备课时间，增加了课程内容，提高了学生的学习兴趣，拓展了其教学视野，使双方都获益匪浅。

四、情境吸引法

（一）调动学生学习的积极性

数学知识往往来源于生活，又作用于生活，熟悉、亲近、现实的生活数学一旦进入课堂，就能使学生感悟、发现数学的价值。教师要真正立足学生的经验，通过提炼现实生活来创设情境，使学生的数学学习内容是现实、有趣而富有挑战性的，从而激发学生的探求欲望，使他们感觉数学就在身边，就存在于周围的世界，使学生体验真实世界中数学的实用价值。情境吸引环节要注意以下几大原则。

从学生生活经验出发的问题情境，学生容易产生亲切感，乐于探究，而且学生在经历亲身体验与自主探究后，获得的知识利于保持，易于迁移到陌生的问题情境中，从而提高他们运用所学知识解决实际问题的能力。教师立足现实生活的情境吸引，要注意不同年龄段、不同生活区域的学生的生活经验是不同的。情境吸引法切忌脱离学生的生活经验，对于较低年龄段的学生来说，如果将住房问题、话费、所得税、贷款等成人考虑的问题创设为问题情境，这看似联系了生活，却偏离了学生的实际生活经验，可能会使学生难以理解。只有从学生熟悉的实际生活经验入手，他们才会对问题情境产生一种真实感、亲切感，进而才能调动学生学习的积极性。

（二）激发学生的求知欲

教学活动是师生积极参与、交往互动、共同发展的过程。数学教学应根据具体的教学内容，注意使学生在获得间接经验的同时能够有机会获得直接经验，即从学生实际出发，创设有助于学生自主学习的问题情境，引导学生通过实践、思考、探索、交流等，以获得数学的基础知识、基本技能、基本思想、基本活动经验，促使学生主动地、富有个性地进行学习，不断提高发现问题和提出问题的能力、分析问题和解决问题的能力。

创设具有趣味性的情境可以激发学生的学习兴趣，提高学生学习的积极性。然而，如果教师创设的情境过于迁就学生的兴趣，过于强调感官刺激，偏离教学学习的本质目标，这样的情境创设对学生的数学学习无实质性的作用。情境吸引应根据教学内容与目标来创设，它只能服务于课堂教学，而不能流于形式。情境创设只是手段，而不应对情境本身做过多的具体描述和渲染，以免喧宾夺主，分散学生的注意力。创设的情境不仅要紧紧围绕教学目标，而且要具体、明确，还要求教师及时从情境中提炼教学，但切忌在情境中流连忘返。例如，在教学与对称有关的"综合与实践"课题时，教师要认真思考：是不是都必须呈现大量图形或进行演示，学生才能够理解对称的含义和不同对称的特点呢？如果要演示，该演示什么？要达到什么教学目标？这些问题都应该在情境创设时加以考虑。初中生对对称、轴对称和中心对称特点的理解还不到位。如果教师在呈现很多对称图形的同时，也能动态演示不同对称图形的翻转或旋转过程，将对学生加深不同对称特点的理解有很大帮助。有时，过多的、缺少挑战性的生活情境创设反而不能激发学生对知识的求知欲望。

数学本没有"生活化"之说，只是为了改变过去数学过于脱离学生生活实际而提出的。提出之后，许多教师陷入"生活化"泥潭之中。学生从生活中学习，却始终没有从生活中抽象出来，还被浸泡在生活氛围中，以致思维能力得不到明显提高，而且教师课堂教学低效。实际上，学生求知的欲望是由有价值的问题引燃的，有了问题，学生的思维就有了方向。因此，"综合与实践"课程的情境吸引必须隐含数学问题，体现数学学科特色，能引导学生进一步探究，激发学生思考的兴趣，使学生产生继续思考下去的愿望。情境吸引既可以从生活中取材，也可以从纯数学题材中选择；不仅可以引入丰富的情境，更可以开门见山，直奔主题，提出本节课学习的主要内容。但无论采取何种方式，关键是要能够引起学生的思考，提升学生的思维能力，增进学生的数学素养。

数学的发展表明对数学"完全形式化"是不可能的，数学与生活的联系日益密切。数学的探索过程越凸显，生动活泼的数学思维活动越应该为学生所认识和体验。我们应该认识到，数学不同于物理、化学等其他实验性学科，而仅仅有上述探索过程还不够，数学学科还有它自己的特色，即数学的思维方式。数学以其抽象性及其公理演绎系统，为学生提供了一个逻辑推理的平台，中学数学教学应该是思维的教学，应该逐步引导学生养成理性思维的习惯，培养其对数学的理性精神。课改实验开展得如火如荼，但不管形式如何变化，我们都应该坚持一个原则——注重数学本质的呈现，这是一切数学教学方法的根，也是数学教学的立足之本。

第三节　创新思维培养的方法

一、形成创新思维模式

创造性思维表现为思考问题和解决问题时的方式或结果新颖、独特、别出心裁，在分析问题和解决问题的过程中，能广泛地、深刻地进行思考，善于发现、解决和引申问题，发现和解决自己或他人未发现或未解决的问题，其具有思维舒展、活跃的特点。思维的独创性是分析思维和直觉思维的统一，其较多地寓于直觉思维和发展思维之中。

（一）巧设新颖学习情境

课堂教学既是一门科学，也是一门艺术。我们教师在课堂上应注重激发学生学习的主动性，引发学生体验数学家心灵智慧撞击出的数学魅力，要努力让这种魅力吸引学生，激发他们的好奇心与求知欲望。教育就是"点燃"，我们要用自己的真情点燃学生学习的热情，点燃学生对学习的执着追求，也要点燃学生的无限创造力。教师在数学教学中，要经常巧设新颖有趣的学习情境，让学生产生"好奇感"。

1.展示数学知识的无穷魅力

教师在接到一个新班级时，第一节数学课很有必要对新生进行数学入学教育。数学和蔼亲切，数学生动活泼，数学耐人寻味。数学体现在生活的方方面面，"年年岁岁花相似，岁岁年年人不同"是周期现象的特写；"曹冲称象"触摸了等量代换的脉搏；"没有最好，只有更好"展示着极限的定义；神奇的"莫比乌斯带"成就了游乐场里的翻滚过山车；还有田忌赛马运用数学对策论思想……从工艺图案的美丽讲到数学知识的有趣，从生活现象的深奥讲到数学力量的神奇，从数学史的漫长讲到人类智慧的伟大，从而不断引发学生的好奇心，激发学生热爱数学的热情。

2.精彩的课堂导入

"好的开头是成功的一半"，精彩的课堂开头不仅能很快集中学生的注意力，还会让学生把学习当成一种乐趣，促成教学任务的顺利完成。所以，教师要根据教材内容和学生的心理特征巧设导语，激发学生强烈的求知欲望和兴趣，促使学生及早进入最佳学习状态。

3.精心的设疑引思

"学启于思，思源于疑"，作为一名教师必须具有挖掘教材中的智力因素和捕捉学生思维活动方向的能力，充分运用疑问为发展智力服务。所谓"设疑"，是教师根据教材重点、难点和学生的实际，在学习新旧知识的矛盾冲突之中，以及在知识的生长点、转折点设计有趣的提问，以创设最佳的情境，抓住学生的好奇心，激发学生的学习兴趣，利用学生的好胜心鼓励、诱导、点拨，帮助学生获得成功，让学生从中获得喜悦和快乐，这样再从乐中引趣，从乐中悟理，从而更进一步增强学生学习数学的兴趣。

4.丰富多彩的课堂活动

意大利著名教育家蒙台梭利说："儿童对活动的需要几乎比对食物的需要更强。"可见，在课堂上开展数学活动，并在活动中引发体验是学生有效学习的需要。在数学教学中，教师可以根据教材内容设计一些有趣的活动，如数学游戏、数学竞赛、数学操作实验、室外上数学课等丰富多彩的活动。实践证明，学生的思维是在有效的数学活动中发生、发展的。学生在亲身参与的实践活动中不断地积累活动经验，以提升观察、实验、猜测、验证及推理概括的能力，进而理解和掌握基本的数学知识与技能、数学思想与方法。

5.巧借现代化教学手段

在课堂教学中，多媒体技术的应用能把抽象的教学内容赋予声形并茂、数形结合、生动形象的表现形式，使数学活动情景交融，动静变化尽在眼前，从而增强了学生的感知力，激发了学生的想象力和创造力，并且把抽象的数学概念、数学关系形象具体地表示出来，使复杂的数学问题明了化、直观化。作为教师，我们有责任创设学生学习的生态环境，以激发他们学习数学的兴趣。

（二）联系生活实际教学

苏霍姆林斯基说过："对知识的兴趣的第一个源泉、第一颗火星，就在于教师对上课时要讲的教材和要分析的事实所抱的态度。真理的知识在学生意识中的产生，来源于学生认识到各种事实和现象之间的那些接合点，认识到把各种事实和现象串联起来的那些线索。"

1.数学与生活相联系

数学源于生活，许多数学知识与生活有密切联系。如果能让学生体验数学知识产生的生活背景，不仅可以培养学生的应用意识，还能让其更深刻地领会知识，同时能感受到数学的应用价值。

要让学生感受数学从生活中来，就要根据学生的年龄特点，将数学内容和他们已有的生活经验与知识背景相结合，创设情境，设疑引思，使学生有更多的机会从熟悉的生活中发现数学问题，从而体验探索的愉悦感。

如今的新教材一改过去画面单一、文字罗列的风格，而多彩的画面、鲜活的内容，使它变成了充满童真童趣和洋溢着时代气息的"少儿读本"。书中包含许多奇妙的知识，呈现方式也十分丰富，就像生活中的故事，亲切而自然，它们将带领学生感受数学知识的起源。

2.历史与数学相联系

作为人类文化重要组成部分的数学，在经历了漫长的发展过程后，凝聚并积淀下了一代代人创造和智慧的结晶。没有哪一样东西能凭空产生，数学也是在一定的社会背景下产生的。

还是关于负数的教学，在教学中，引导学生进一步追本溯源，将知识的来历介绍给学生：负数的发现。这个发现最早见于《九章算术》，早于印度600多年，早于西方1600多年。早在2000多年前，我国就了解了正负数的概念，掌握了正负数的运算法则。我国三国时期的学者刘徽在建立正负数上有重大的贡献。他首先给出了正负数的定义："今两算得失相反，要令正负以名之。"意思是，在计算过程中遇到有相反意义的量，要以正数和负数来区分它们。他第一次给出了区分正负数的方法："正算赤，负算黑。否则以斜正为异。"意思是，用红色的小棍摆出的数表示是正数，而用黑色小棍摆出的数表示是负数；也可以用斜摆的小棍表示负数，而用正摆的小棍表示正数。在教学中，我们有责任向学生展现数学史，引领学生不仅通过学习感受数学的博大与精深，领略人类智慧与文明，还能通过重温数学历史，尤其是我国古代数学的卓越成就，以发挥数学史的育人功能和教化作用。

（三）数学思想的渗透与引导

类比思想在初中数学教学中应用广泛，类比的魅力在于它可以使数学学习更容易、更生动、更形象，有利于学生自主探索与创新思维的培养。通过概念的类比，理解概念的本质；通过知识结构的类比，构建起知识的网络；通过思维的类比，突破学生学习思维难点。

初中数学教学中存在很多可以类比的知识与方法。比如，一次函数、反比例函数、二次函数之间的学习思维的类比；一元一次方程与一元二次方程之间的解法类比，分式概念、计算与分数概念、计算的类比，等等。在初中数学学习中，类比思想是理解概念、锻炼思维、构建知识网络的重要手段。为此，教师在数学中应加强类比思想和方法的渗透与引导，强调类比的作用和意义，使学生更好地理解数学，促进其自主学习与创新意识的培养，建构完整的数学知识结构，形成知识网络，提高数学学习的有效性。

（四）使学生成为"发现者"

为了给学生创造"发现者"的身份去参与学习，教师在教学中要做到以下几点。

1.要把"空白"留给学生

在课堂教学中，由于教师留下"空白"，而出现学生学习效果提高的现象，叫作"空白效应"。教师在进行教学活动时，不能让教师的思维代替学生的思维，而是要给学生适当留些"空白"——思维的空间和平台，让学生在求知的过程中主动地去探索、思考和发现，让学生自己补充这些"空白"。"空白"的流动性、生成性可以让课堂更加丰富多彩。在课堂教学中，教师可以在下面几个环节中留出"空白"，让学生去探索、思考。在寻找新旧知识的衔接处留"空白"；在提问后留"空白"；当学生对知识的认识感到模糊时留"空白"；在概括结论之前留"空白"；在出现错误之后留"空白"。教师只有充分相信学生的内在潜力，留给学生充足的时间和宽松的空间，让他们自行探究，才能激发他们的创造潜力。

2.体验之中学数学

心理学研究表明，"学"这一活动最好的方法就是"做"，只有通过学生自身的积极思维和主动参与的"做"而获得的数学知识，才是其理解最深刻、掌握最牢固且最有实用价值的知识。只要给学生空间，学生的潜力就能得以充分发挥。

要想保持学生学习数学的兴趣和好奇心，激发他们的聪明才智，就必须要给学生提供猜想验证、质疑问难、动手实践的机会，让学生真正成为探索者、发现者，让他们通过自己的努力和尝试，去发现数学中的"新大陆"。

在数学教学中，教师可以运用"先学后教，当堂训练"的模式进行教学，课堂教学的环节有"自学——小组讨论、质疑——检测——运用提升——归纳总结——当堂训练"。这种教学模式真正突出了学生主体地位，体现了教师主导作用。学生的指尖上充满了智慧与创造，思维的火花在他们的指尖上迸发，这种能让学生大脑和双手真正动起来的学习模式，不仅能让每位学生用自己内心的体验参与数学学习，感受、理解知识的产生与发展过程，而且在这种参与的过程中让他们学会了学习，增长了智慧。

二、加强数学建模教学

（一）数学建模的思想方法

数学模型法，是指把所考察的实际问题，进行数学抽象，构造出相应的数学模型，通过对数学模型的研究，使实际问题得以解决的一种数学方法。利用数学模型法解答实际问题（包括数学应用题），一般要做好以下三方面的工作。

1.建模

根据实际问题的特点，建立恰当的数学模型。从总体上来说，建模的基本手段，是数学抽象方法。建模的具体过程，大体包括以下几个步骤：第一步，考察实际问题的基本情形。分析问题所涉及的量的关系，弄清哪些是常量，哪些是变量，哪些是已知量，哪些是未知量；了解其对象与关系结构的本质属性，确定问题所涉及的具体系统。第二步，分析系统的矛盾关系。从实际问题的特定关系和具体要求出发，根据有关学科理论，抓住主要矛盾，考察主要因素和量的关系。第三步，进行数学抽象。对事物对象及诸对象间的关系进行抽象，并用有关的数学概念、符号和表达式去刻画事物对象及其关系。如果现有的数学工具不够用，可以根据实际情况，重新建立新的数学概念和数学方法去表现数学模型。

2.推理、演算

在所得到的数学模型上，进行逻辑推理或数学演算，求出相应的数学结果。对求出的数学结果进行深入讨论，做出评价和解释，返回到原来的实际问题中去，形成最终的解答。在解决问题时，应鼓励学生大胆提出自己的建模方法，然后教师再补充。当学生自己找到建模方法后，就会有一种获得成功的满足感，内心产生愉快的学习情绪。

（二）培养学生数学建模意识

数学建模是培养学生实际应用能力的重要途径，而这就要求数学教师在平时的教学中进行数学建模教学，使学生养成用数学的眼光看待周围事物和现象的习惯。通过数学建模教学培养学生数学建模意识的途径如下几点。

1.创设教学情境，渗透建模意识

对于中学生来说，进行数学建模教学的主要目的是培养他们的数学应用意识，掌握数学建模的方法。所以，数学建模的主要切入点是教材，从课本内容出发，以教材为载体，以教法革新为突破口，联系实际，在数学教学中积极创设教学情境，通过对教材内容的科学加工、处理、再创造，或拟编写教材相关的建模问题；通过改变设问方式、变换题设条件、互换条件结论，综合拓展成新的应用题，以激发学生的创新意识。利用现行的教材，向学生介绍一些常用的、典型的基本数学模型，如函数模型、方程模型、不等式模型、数列模型、概率模型、几何曲线模型等。在介绍一些常用的、典型的数学模型的基础上，再结合一些其他的类似问题，可培养学生的发散思维，进而培养创新思维。例如，在指数函数教学中可结合储蓄问题、人口增长问题、信用贷款等问题。教师可以通过教材中一些不太复杂的问题，带着学生一起来完成实际问题数学化的过程，给学生一些数学应用和数学建模的初步体验。这样，教师将数学建模意识渗透于教学之中。学中用，用中学，逐步培养学生的数学建模意识和能力，激发他们的创新意识。

2.结合其他学科，加强建模意识

现代科学技术的发展，使数学广泛地渗透到了各个学科，促进了各个学科的数学化趋势。教师在数学建模教学中应重视数学与物理、化学、生物、美学等学科知识相结合的跨学科问题、大量与日常生活相联系的数学问题、从其他学科中选择的应用题，通过构建数学模型，培养学生应用数学工具解决该学科问题的能力。联系相关学科的知识，有意识地进行数学建模意识的拓衍，这些可以对学生学习其他学科知识以及将来用数学建模知识探讨边缘学科产生深远的影响，同时对提高学生的创新思维能力也有很大的作用。

3.构造热点问题，激发建模兴趣

运用社会热点、学生生活热点设置问题背景，让学生掌握相关的建模方法。这不仅有力地激发学生的建模兴趣，而且有助于学生日后在生活中主动用数学的意识、方法、手段处理问题。针对生活中的常见问题，可让学生有意识地收集相关资料，教师再进行相关的引导、点拨，使学生真正感受到数学"从实际中来，到实际中去"的魅力及数学建模带来学习的乐趣。

4.联系实际生活，强化建模意识

数学建模就是用数学理论来解决实际问题，其中最重要的一个环节就是从实际问题抽象出数学模型。在数学建模教学中，教师要引导学生从各方面、多角度地观察问题，同时提供丰富的想象材料，以促使学生创造性地应用类比、归纳、化归等数学思想方法，抽象概括出实际问题的数学模型。

日常生活是应用问题的动力源泉之一，从学生熟悉的日常生活入手，探讨学生周围有趣的事物，通过这些容易被人忽略却隐含数学知识的问题，使学生感受到数学不仅非常有用，而且就在我们身边。教师要充分利用学生的生活实际，让学生留意生活，养成主动运用数学解决实际问题的兴趣和习惯。另外，教师还需要不断地学习一些新的数学建模理论，并且努力钻研如何把中学数学意识应用于现实生活。

（三）数学建模教学具体措施

1.打好基础，强化数学建模意识

对于一个繁杂的实际问题，要能从中发现其本质，建立其数量关系，转化成数学问题，若没有扎实的数学基础知识、基本技能和数学思想、方法是不可能完成的。因此，进行数学建模教学必须抓好数学知识的系统学习，打好基础。但是，我们也看到，解决常规问题的能力强，不见得解决实际问题的能力就强，从掌握知识到应用知识不是自然形成的。教学大纲指出："能力是在知识的教学和技能的训练中，通过有意识地培养而得到发展的。"因此，教师在教学中要注意从实际问题引入概念和规律，强化建模意识，用数学模型的方法解决实际问题。

比如教师在进行"直线和平面垂直的判定定理"教学时，可以先设计问题：在水平的地面上竖起了一根电线杆，现在请大家想一个办法，检查一下电线杆是否与地面垂直。绝大部分学生马上设计出解决的方案。如将电线杆抽象为一条直线，地面抽象为一个平面，根据直线与平面垂直的定义设计方案如下：用一块三角板，让一条直角边贴紧电线杆，直角顶点靠地，旋转一周，如果靠地的一边始终在地面上，则可以断定电线杆和地面垂直，否则电线杆与地面不垂直。

2.挖掘教材，适当补充

从广义上讲，一切数学概念、公式、方程式和算法系统等都是数学模型，可以说，数学建模的思想始终贯穿中学数学教材之中。因此，只要我们深入钻研教材，挖掘教材所蕴含的应用数学的内容，并从中总结提炼，就能找到数学建模教学的素材。

3.从生活中出发，强化应用意识

日常生活是应用问题的动力源泉之一，现实生活中有许多问题可通过建立数学模型加以解决，如合理负担出租车资、家庭日用电量的计算、红绿灯管制的设计、爬楼问题、公平席位分配问题，等等，都可以用基础数学知识、建立初等数学模型，来加以解决。

4.数学建模教学与教师指导相关

数学建模教学是数学素质教育的一种尝试，对教师的教育素质和数学专业素质有较高的要求，教师的素质和水平是数学建模教学成败的关键。为了作好数学建模教学，对教师提出了以下要求。

首先，教师应打破墨守成规的教学方式，转变教学观念，积极了解基础数学、应用数学以及数学教育的最新知识和进展，注意收集有关数学建模方面的资料，还要注意收集、整理、保存自己和学生在应用建模方面的资料和成果。

其次，教师应熟练掌握计算机的运用，掌握常用的统计、求根、迭代、逼近、拟合、模拟等算法。计算机是数学建模的重要工具，它能进行计算、数据处理、模拟、资料检索、文字、图像、表格的处理。只有教师更好地掌握了计算机的运用，才能在教学中指导学生利用计算机进行数学建模。

综上所述，加强数学建模教学可培养学生的创新思维，提高学生的各种能力，它顺应了当前素质教育和教学改革的需要。在当今的数学教育中，数学建模起着越来越重要的作用，成为现代应用数学的一个重要组成部分。它有助于克服传统数学教学中知识与能力脱节的弊端，同时可以启迪学生应用数学的意识、兴趣和创新能力。

三、培养学生创造性思维

（一）通过情境，激发创造性思维

数学史本身就是一部创造史，其中有许多丰富的素材是教育学生创造的载体。在教学中，教师一定要以创造性作为教学活动的出发点，培养学生的创造意识与创新精神。

爱因斯坦说："兴趣和爱好是求知的最大动力。"俄国教育家乌申斯基指出："没有丝毫兴趣的强制性学习，将会扼杀学生探求真理的欲望。"而学生的学习欲望或兴趣，总是在一定的情境中发生的。因此，教师在数学教学中要给学生创造能激起探知欲望的环境，在教学中只有让学生自己去发现、去理解，学生才能产生学习兴趣，同时能唤起学生的创新意识，培养学生的创造性思维。

（二）通过问题，培养创造性思维

爱因斯坦有一段名言："提出一个问题往往比解决一个问题更重要，因为解决问题仅是一个数学上或实验上的技能而已，而提出问题，却需要有创造性的想象力，而且标志着科学的真正进步。"学生能否提出问题、会提问题、善于提问题，是衡量教育是否创新的一个标志。

在数学教学中，由于学生长期听教师讲，不爱动脑，形成了一定思维定式，教师需要引导他们换个角度去思考问题。让学生分析哪个解法对，哪个解法错，错在什么地方，多问几个为什么。教师在平时的教学中，无论上新课，还是上复习课，应该鼓励学生提问题，学生可以打断教师的讲课，可以和教师讨论。教师每学期可以进行两次无字卷考试（发白卷，让学生找问题，根据学生提出问题的质量打分）。阶段性考试由学生自己命题，自己判卷，相互评价，教师总结，学生后记。学生会提问题，善于提问题，将是教学的巨大成功。

（三）通过解题，养成创造性思维

首先，注重解题的过程：细心分析解题思路，积极探求解题途径；细心发现解题规律，正确掌握解题方法；善于进行引申，在解题中深化知识发展。其次，解题注重题目的举一反三，并注意题目的归一。最后，回顾与探讨解题过程，养成解题后的反思习惯。

第四章 初中数学中的探究式教学

第一节 探究式教学的内涵阐释与要素

不论是实证研究还是理论探讨，研究数学探究式教学的前提条件是准确阐释说明教学模式和探究式教学的概念，揭示探究式教学的本质属性。在此基础上，还应对探究式教学的特征、途径等问题做出分析，进而构建数学探究式教学的理论结构模型。这些研究既是理论研究的重要组成部分，也是实证研究的前提条件。

一、教学模式的内涵

1972 年，美国学者乔伊斯和韦尔合著出版了《教学模式》一书，此书系统地介绍了各种教学模式。关于教学模式的思想可以上溯到夸美纽斯、赫尔巴特等人，特别是赫尔巴特提出的"明了—联合—系统—方法"教学模式以及后来由莱因等人修订完成的"五段教学法"，它作为传统教学的经典模式一直沿袭至今。

（一）教学模式的内涵

教学模式指在一定教学思想或教学理论指导下建立起来的较为稳定的教学活动结构框架和活动程序。教学模式既是教学理论的具体化，又是教学经验的一种系统概括。教学模式是实施教学的一般理论框架，是教学思想与教学规律的反映，它具体规定了教学过程中师生双方的活动、实施教学的程序、应遵循的原则及运用的注意事项，是师生双方教与学活动的指南。从教学实践来看，教学模式是将教学方法、教学手段、教学组织形式融为一体的综合体系，它可以使教师明确教学活动中应先做什么、后做什么、先怎样做、后怎样做等一系列具体问题，把比较抽象的理论转化为具体的操作性策略，教师可以根据教学实际需要选择运用。

（二）教学模式的结构

教学活动存在于一定的空间和时间之中。在空间上表现为根据一定的教学理论、教学目标，确定教师与学生在教学活动中的地位及相互关系。在时间上表现为如何安排教师、学生教与学的活动。教学模式的结构是指构成教学的诸要素及其相互关系。这些要素包括教学理论、教学目标、操作程序、师生角色、教学策略、评价。

教学理论是建立各个教学模式的理论基础，它为教学模式提供理论依据，使人们能了解该模式的来龙去脉，它渗透或蕴含在模式的其他各个要素中，如罗杰斯的非指导性教学模式是以人本主义心理学（强调个人经验的基础及情感体验学习与认知的结合）为依据。教学模式是为达到特定的教学目标而设计的，教学目标指的是模式所能达到的教学结果，是教育工作者对某种教学活动在学生身上将产生的效果所做出的预先估计。教学目标可谓是教学模式中的核心因素，它决定着模式的操作程序、师生活动的比例及评价的标准。各种教学模式都有其操作程序，它具体确定教学中各步骤应完成的任务，师生先做什么、后做什么等。操作程序的实质在于处理好师生针对教学内容在时间序列上的实施。赫尔巴特教学模式的操作程序为"明了—联想—系统—方法"四个步骤，杜威实用主义教学模式的操作程序为"情境—问题—假设—解决—验证"。教学活动犹如表演活动，教师与学生在操作程序中担任着不同的角色，它体现了师生在教学活动中的地位，解决师生先怎样做、后怎样做等问题，使教师主导与学生主体统一起来。教学策略是用来表示为达到某种预测效果所采取的各种教学行动的综合方案，它是实施教学过程的基本依据。它根据特定的教学条件和需要，制定给学生提供教学内容、引导活动的最有效率的方式、方法，它规定了模式的具体操作要领，以保证模式在实施过程中的可靠性。一种教学模式并不是万能的，任何一种教学模式都有其适用的教学情境，由于不同的教学模式所完成的教学目标、使用的操作程序和所运用的策略不同，评价的方法和标准也不尽相同。

（三）教学模式的特点

教学模式的特点有指向性、操作性、完整性、稳定性和灵活性。由于任何一种教学模式都围绕着一定的教学目标设计而且每种教学模式的有效运用也需要一定的条件，因此不存在对任何教学过程都适用的普适性模式，也谈不上哪一种教学模式是最好的。评价最好教学模式的标准是在一定的情况下能够达到特定的目标。在选择教学模式时必须注意不同教学模式的特点和性能，以及教学模式的指向性。教学模式是一种具体化、操作化的教学思想或理论，它把某种教学思想或理论中最核心的部分用简化形式反映出来，为人们提供了一个比抽象理论具体得多的教学行为框架，它具体规范了教师的教学行为，使教师在课堂上有章可循，便于教师理解、把握和运用。教学模式是教学现实和教学理论构想的统一，所以它自己有一套完整的结构和一系列的运行要求，其体现在理论上的自圆其说和过程中的有始有终。教学模式是大量教学实践活动的理论概括，在一定程度上揭示了教学活动的普遍性规律。一般情况下教学模式并不涉及具体的学科内容，只是对教学起着普遍的参考作用，具有一定的稳定性。但是教学模式是依据一定的教学理论或思想提出来的，而一定的教学理论和教学思想又是社会的产物，因此教学模式总是与一定历史时期的社会政治、经济、科学、文化、教育的水平相联系，其受到教育方针和教育目的的制约，所以这种稳定性又是相对的。作为并非针对特定教学内容体现某种教育理论又要在具体的教学过程中进行操作的教学模式，在运用的过程中必须根据学科特点、教学内容、现有教学条件和师生具体情况进行方法上的调整，以体现其对学科特点的主动适应。

二、探究式教学的内涵阐释

在教学中使用探究的渊源应追溯到古希腊哲学家苏格拉底的问答式教学法，而将探究作为教学思想引入教育界的，应首推美国教育家杜威。1961 年，美国教育家施瓦布明确提出了探究式教学方法，他主张不能把科学知识当作真理教给学生，而是作为有证据的结论。教师应当用探究的方式来传授知识，同时学生也应当通过探究活动开展学习，就是要通过自己的体验来学习科学的概念和原理。我国自古就有探究式教学思想的理念，如春秋时期教育家荀卿倡导学以致用，提出了闻、见、知、行的教学要素；《礼记·中庸》中的"博学之，审问之，慎思之，明辨之，笃行之"也体现了探究式教学思想的理念。探究是教学的生命线，教师要引导学生探究，以激发他们的求知欲。我们的教学对象是初中学生，他们的逻辑推理思维能力、分析综合能力还在不断发展，敢于求异，创造性思维和发散思维的心理倾向更为明显，所以探索式教学思想理念正是顺应了学生的这种心理特征。

（一）探究式教学的内涵

探究式教学，又称为做中学、发现法、研究法，其是指学生在学习概念和原理时，教师只是给他们一些事例和问题，让学生自己通过阅读、观察、实验、思考、讨论、听讲等途径去探究、发现并掌握相应的原理和结论的一种方法。它的指导思想是在教师的指导下，以学生为主体，让学生自觉地、主动地探索，掌握认识和解决问题的方法和步骤，研究客观事物的属性，发现事物发展的起因和事物内部的联系，从中找出规律、形成概念，建立自己的认知模型和学习方法架构。可见，在探究式教学的过程中，学生的主体地位、主动能力都得到了加强。探究式教学的本质就是在教学中充分发挥学生的主体作用，使学生充分参与和体验由未知到已知的过程，并在这一过程中使学生的各种素质得到全面和谐的发展。

探究式教学的本质特征是不直接把构成教学目标的有关概念和认知策略告诉学生，取而代之的是教师创造一种智力和社会交往环境，让学生通过探索发现有利于开展这种探索的科学内容要素和认知策略。由学生自己亲自制订获取知识的计划，能使学科内容有更强的内在联系，更容易被学生理解，教学任务有利于激发内在动机，使学生认知策略自然获得发展。同时，在这个过程中，学生还认识到能力和知识是可变的，从而把学习过程看作是发展的，而它既要以现有的学习方法为基础，又要不断地将其加以改进。

（二）探究式教学的目标

探究式教学不仅重视知识的获得，而且重视获得知识的过程，更加注重学生的自我学习。通过实施探究式教学，可以实现以下教学目标。

（1）教师通过精心设计教学，不仅让学生收获一个科学的结论，而且使学生领略到科学家发明和创造的过程。学生通过独立解决问题，能从解决问题本身体会到学习与创造的乐趣，促使其外部动机向内部动机转化（从"要我学"变为"我要学"），内部动机成为进一步探索知识与问题的动力；学生通过多方面的探究，就能把学习归纳为一种探索的方式，从而形成积极的探究态度。这样可以培养学生对科学的兴趣，激发学生探索问题的求知欲。

（2）以过程为导向，充分显示学生的思维过程，注重思维的过程甚于思维的结果。在分析问题的过程中，需要提出假设，假设的形成往往是非常短暂的，一般有两种思维在起作用：直觉思维和逻辑思维。直觉思维往往先于逻辑思维。在提出假设之后，需要收集资料来验证假设，需要有一定能力与掌握收集资料的方法才能有效地验证假设正确与否，而假设能否接受需要进行逻辑性的推理，也需要进行批判性的思考，从而培养学生的批判性思维能力。同时，在解决问题的过程中，通过及时发现问题，培养学生发现问题的能力，可以提高学生提出问题的能力。鼓励学生创造性地解决问题，这样可以培养学生进行多角度、多方位、发散与集中有机结合，养成综合思考的习惯，从而培养学生以发散性思维为主要特征的创造性思维能力。

（三）探究式教学的特点

可以说，开展探究式教学就是为学生进行探究学习创造条件，使学生在主动参与获得知识的过程中，同时让探究能力得到培养，形成探究未知世界的科学精神和科学态度。与非探究式教学相比，探究式教学主要具有以下特点。

1.以培养科学素养为目的

探究式教学的根本目的不是把少数学生培养成科学精英，而是要将全部学生都培养成有科学素养的公民。所谓科学素养，是指了解和深谙进行个人决策、参与公民事务和文化事务、从事经济生产所需要的科学概念和科学过程。科学素养还包括一些特定门类的能力。具体来说，它包括科学知识、科学方法、科学态度和科学精神。探究式教学就是要让学生以能动的方式在学习科学的过程中，掌握科学知识和科学方法，养成科学态度和科学精神。这种教学要求学生亲自动手动脑，而不是教师做给学生看。其主要需要学生描述过程、提出问题、参与解决问题、参与计划、参与小组讨论等。

2.既重视结果，又重视知识的获得过程

培养学生的科学素养并不是靠死记硬背获得科学知识，而是在能动地探究的活动过程中获得科学知识。因而探究式教学高度重视学生获得知识的过程，把学习方法和科学探究的训练放在极为重要的位置。当然，探究式教学并不是轻视知识，更关键的是要在掌握知识、完成作品的过程中得到科学思维、方法技能的训练，以及科学精神的养成。也就是说，探究式教学注重掌握调查、观察、实验等科学研究的方法和技能，即使它需要凭借学科教学或必修课程来进行，但它不是过去那种单纯地传授知识的教育。在探究式教学过程中，学生虽然必须掌握某些知识或技能，但更为关键的是要对所学的知识有所选择、批判、解释和运用，从而有所发现和创造。

3.重视应用

学以致用是探究式教学的又一基本特征。探究式教学重在知识技能的获得和应用，而不在掌握知识的数量。美国教育心理学家加涅将学习分为八个层次，其中最后三个层次是概念学习、原理（规则）学习和解决问题学习。加涅认为探究式学习主要属于这三层次，尤其是解决问题学习。也就是说，探究式教学的目的是培养学生运用科学知识解决实际问题的能力。探究式教学虽有发现的特点，但在学习内容上，其侧重点在解决问题，所要解决的问题一般是具体的、有实际意义的。由于解决问题的途径多种多样，答案也不止一种甚至根本没有最佳答案，因而学生在解决问题的过程中，能够领悟科学的暂时性和发展性。从应用性的基本特点出发，探究式教学还带有综合性的特点。即学生面临的问题往往是复杂的、综合性的，教师需要综合应用多方面的知识才能予以解决。

4.重视全体参与

探究式教学提倡全体学生的积极参与，它有别于培养少数天才儿童的精英教育。探究式教学不仅重结果而且更重过程，它要求每位学生都积极参与到探究的各种活动过程中，以提高自己的创造意识和能力。在探究式教学的过程中，教师可根据学生的现有探究能力水平和个性特点，制订合适的探究活动计划，以实现个人的研究目标。全体参与的另一含义是共同参与，探究式教学的组织形式是独立学习与合作学习的结合，其中小组合作学习占有特别重要的地位。由于探究式教学是围绕问题的解决来开展活动的，而问题往往是综合性的复杂问题，因此学生需要依靠集体的力量进行分工合作。合作既是教学的手段也是教学的目的，通过合作学习与探究，学生可以取长补短、相互促进，从而提高探究效率。

三、探究式教学的要素

探究式教学就是学生在教师的指导下，以学生自主学习和合作学习为前提，以现行教材为基本探究内容，从自然、社会和生活实际中主动地获取知识、应用知识解决问题的一种教学方式。探究式教学的影响要素有很多，而不同的标准有不同的划分方法。下面从教师因素、学生因素、探究内容和探究环境四个方面分别进行阐述。

（一）教师因素

课堂探究效果的好坏在很大程度上取决于教师对探究式教学的观念和态度、知识储备、教学情绪。教师在课堂教学中提倡平等、民主，给予学生自主探索、自由交流的权利，其教学方式倾向于探究式教学；讲求统一规划，但对课堂严格控制的教师则很少尝试探究式教学。

1.教师的教学观念

教师的观念对实施探究式教学有很大的影响，教育观念对探究式教学有指导作用，是其基础和内在依据。总体而言，教师对科学本质的认识，对科学教学原理的理解在很大程度上决定了会给学生怎样的教育，即教师的观念决定教师选择教学任务、教学方式、评价方式，直接影响到学生对知识的获取与理解。

2.教师教学效能感

教师教学效能感是多种成分的整合。就本质而言，它是能力也是信念。教学效能感使教师深信自己有能力帮助和影响学生，以激发学生的学习兴趣；同时，教学效能感也是教师个人信念的重要因素，它影响教师的教学行为，使教师坚信自己能够改变学生，引导学生正向发展。从成分上看，教师教学效能感包括认知和情感两部分，这使教师教学效能感兼具稳定性和可变性。就教学效能感的核心内容来看，教师教学效能感反映了教师对所从事的职业的主动性、积极性和创造性，以及教师对教学工作的关注、投入程度和面对困难时克服困难的坚持程度。

3.教师控制点

教师控制点是指教师将学生的好或坏的学习表现归为外部或内部原因的倾向。有些教师倾向于内归因，他们认为学生的成败更多在于教师自身的因素，教师能够控制或至少能够强烈地影响学生的成就和动机。而有的教师则倾向于外归因，他们认为学生成绩的好坏更多是取决于学生的能力、客观条件等因素，自己无法或很难影响、控制学生的学习动机和行为。教师持哪种控制点对其教学活动及学生的成绩有着显著的影响。一般说来，持内归因的教师会主动调整自己的教学方式，采用积极的态度和行为去影响学生的学习活动，结果可能会进一步促进学生的发展；而持外归因的教师则可能会倾向于怨天尤人、听之任之，结果可能会使学生学习思想更消极甚至放弃学习。

4.教师的教学情感

教师的教学情感是指教师是否热爱教学工作，是否能够公平地对待学生，以及教学工作成功与否等内心体验，具体表现为教学情绪。课堂教学是师生双方有意识地教与学的交互活动，学生必然会受到教师教学情感的影响。积极、愉快的教学情绪会提高教师的教学主动性，使教师主动投入教学过程中，对教学起到推动作用；而消极、倦怠的教学情绪则会导致教师无心教学，进而阻碍教学活动的顺利进行。此外，教师的教学情绪对课堂的教学氛围起着决定性的作用。教师高涨的教学情绪能够感染、唤醒、激发学生的学习热情，让学生主动投入学习当中；而教师消极的教学情绪则会使整个课堂的气氛变得低沉，会把学生已有的学习热情扑灭，使学生无法提起学习兴趣。教师的教学情绪是教学成败的关键因素之一。

5.教师的知识储备

当代教师的知识结构是呈动态的、随社会的发展而变化的，就当前数学教育的要求而言，教师知识结构的内容至少包括人文素养、科学素养、数学学科知识、信息技术知识、教育学和心理学知识五个方面。

6.科研能力与经验

教师的教育科研能力是教师能力较高层次的表现，是一种高级的源于教育实践而又有所超越和升华的创新能力。具体指教师应当具有扎实的教育教学理论，有收集、利用和处理信息的能力，有一定的文字表达能力，有开拓创新的精神、严谨的治学态度、执着的奉献精神等。如果教师自己尚不会探究，那又如何指导学生学会探究呢？因此，学校十分有必要加强对教师科研能力的培训。

（二）学生因素

教学的对象是学生，与传统教学相比，探究式教学强调学生在教学中的主体地位，学生是影响探究式教学的重要因素之一。美国教育心理学家加涅认为，开展有效的探究式教学必须满足以下三个基本要求：第一，要有能提高学生探究技能与策略的专项练习，且这些技能与策略能迁移到其他情境中；第二，学生要有广泛的、概括化的背景知识，如果学生对某个问题一无所知，便不能做出相应的、方向正确的思考；第三，学生要具有辨别好坏假设的背景知识。学生在探究学习时必须具备这些因素：首先，有明确的学习目的。明确的学习目的是学生主动学习的动力，也是学习者学习道路上的启明星，为学习指明了方向。其次，做学习的主人。只有学生成为学习的主人，将学习归为自己人生的重要部分，才会积极主动地探索知识，才会对自身的认知结构和方式进行调整。最后，要掌握基本的学习策略和方法。只有掌握了基本的学习方法和学习策略，学生才知道如何进行探究式学习。

（三）探究内容

现代心理学研究成果和教学实践表明，并非所有的内容、任意的材料都适用于探究式教学。过于简单的内容不能引起学生的学习兴趣，也无须通过探究发现，只需要用现有的认知结构和方式去吸收就可以掌握了；而难度较大的探究内容，容易使学生在探究过程中产生厌烦等负面情绪，丧失积极性，不利于教学的开展和学生能力的培养。开展探究式教学要想让学生有话可说，有理可辩，探究问题的选择应该是精心策划、深思熟虑过的，而不是信手拈来、随随便便的，问题的选择要有可挖掘的内涵和探究的空间。课本上早有定论且能力要求较低的内容不适宜展开探究，一些陈述性知识如体现名称、事实等方面的内容采用接收阅读等方式就能较好被学生掌握。探究内容的选择十分重要，它直接影响教学效果和学生能力的培养。

（四）探究环境

探究环境是探究式教学顺利开展的重要条件，而良好的探究环境由时间、空间和学习材料组成。

首先，探究式教学的顺利进行必须要有充足的时间。探究式教学是学生通过自己探究来获取知识，学生在进行探究学习时需要充足的时间思考、分析；需要充足的时间去验证自己的假设、猜想；需要充足的时间相互探讨、交流。这与传统的直接传授知识或机械记忆学习相比需要耗费大量的时间。

其次，探究式教学需要灵活的探究空间。探究式教学不同于传统教学只局限于课堂、教室，为确保学生无论进行何种探究活动都能安全、顺利地完成，则教室、实验室及各种设施的安排必须科学、灵活，这样才能保证探究活动的实施和活动结果的质量。

再次，有效的探究式教学还必须有多种多样的学习材料。探究式教学的实施需要学习材料、科学设备和先进的教学手段。教师要熟悉各种教学材料，使自己能够决定在何时、何种场合选择最合适的材料，并用最恰当的方式去使用。

最后，教师要积极引导学生自主地从图书馆、网络、书刊等渠道获取所需要的探究材料。

四、探究式教学的条件

初中学生具有探究问题的天性，当初中学生处在一个感到非常困扰的环境时，就会本能地开始探究，这就是初中数学教学探究活动的起源。探究是人类最基本的学习方法。现代教育学、心理学研究表明，学生学习过程本身具有发现的性质，但这并不等于说学生的学习过程必然会成为探究发现的过程。实际上，学生的学习过程只有在一定条件下才可能成为探究的过程，探究式教学的开展必须具备以下几个条件。

（一）一定难度的学习对象

探究式教学的条件之一是学习材料应具有一定的难度。学习者要想真正掌握、内化这种学习材料，就必然要经过一番探索，并有所发现。所谓具有一定难度的学习材料，是指学生现有的认知结构和认知方式无法直接内化吸收的学习材料。所谓内化，是指学生已将外在的知识客体内化到自己已有的认知结构之中，使知识客体与自己已有的认知结构建立了内在的、有意义的联系。在学习具有一定难度的学习材料的过程中，学生要根据自己的学习目的和知识客体的特性，来操纵知识客体，同时对自身的认知结构和认知方式进行调整、改造和变革，以便在知识客体和自身的认知结构之间建立内在的联系，从而将外在的知识真正内化到自己已有的认知结构之中。学生对自身已有认知结构和认知方式调整变革的结果，实际上就是形成新的认知结构和认知方式。由此可见，一定难度的学习对象客观上要求学生去努力探索，积极研究，即采用探究式学习方法加以内化。

（二）一定的知识做基础

20 世纪 60 年代的探究式教学由于过分强调过程，因而使人误以为探究式教学不需要知识或轻视知识的掌握，简单的认为学生只需要具备一定的科学探究方法和能力就行了。事实上，内容与过程、科学知识与科学探究是密不可分的。掌握知识是发展探究能力的基础，而一定的探究能力又是掌握知识的条件。在探究式教学中，作为知识的基本概念的存在是必不可少的。美国教育家杜威早就意识到，探究离不开知识，任何知识的学习，既是为某一理论提供依据，又是形成新理论的条件。知识绝不是固定的、永恒不变的，它是作为另一个探究过程的一部分，既作为这个过程的结果，又作为另一个探究过程的起点，始终有待再考察、再检验、再证实，如同人们始终会遇到新的、不确定的、困难的情境一样。

（三）融洽的课堂气氛

融洽的课堂气氛是探究式教学的重要条件，因为只有在民主的、轻松愉快的课堂气氛中，学生才能独立地探索、大胆地发表见解，并在这个基础上进行自主探究和自由创造。如果教师不去设法在学生身上形成这种情绪高涨、智力振奋的内部状态，那么知识只能引起一种冷漠的态度，而不动感情的脑力劳动只会带来疲劳。任何压服、抑制、独断的行为都将抑制学生探究的欲望和创造的萌芽。这就要求师生间应形成民主化的师生关系。师生关系的民主性突出表现在：教师尊重学生，听取学生意见，虚心向学生学习；学生尊重教师，接受教师指导，同时敢于提出自己的见解。为形成这种师生关系，教师要把教学看作自己与学生平等相处、互相协作、共同劳动、共同探究的过程，尊重、信任学生，给学生自尊、自信，与学生建立起一种平等、民主、亲切、和谐的关系，使学生身心处于最佳、最活跃状态，心情舒畅地投入课堂，勇于探索、勇于思考、勇于创造。

（四）创设问题情境

既然探究式教学是以解决问题的形式出现，那么在有意义的探究式教学中，教师首先必须把学生要学习的内容巧妙地转化为问题情境。实践经验表明，教师设置的问题情境要具备目的性、适应性和新异性。目的性指问题总是针对一定的教学目标而提出来的，目标是设问的方向、依据，也是问题的价值所在；适应性指问题的难易程度要适合全班学生的实际水平，以保证使大多数学生在课堂上都处于思维活跃状态；新异性指问题的设计和表述具有新颖性、奇特性和生动性，以使问题具有真正吸引学生的特征。这样的问题才会成为吸引学生思维和感知的对象，从而在学生心理上造成一种悬而未决但又必须解决的求知状态，实际上也就是使学生产生问题意识。问题意识会激发学生强烈的学习愿望，从而将注意力高度集中，使他们积极主动地投入学习。问题意识还可以激发学生勇于探索、创造和追求真理的科学精神。没有强烈的问题意识，就不可能激发学生求知的冲动和思维的活跃性，更不可能开发学生的求异思维和创造思维。

总而言之，教师要创设一定的问题情境，使学生产生相应的问题意识，学生只有意识到问题的存在，才会着手探索和解决问题。

（五）良好的探究环境

时间、空间和学习材料是探究式学习环境的重要组成部分。充足的时间、广泛的空间和丰富的学习材料有利于探究的开展和深入。教师在这些学习资源的准备、安排和利用方面起着重要作用，教师应尽力争取和利用一切可能的资源，为探究式教学创造一个良好的环境。

第二节　初中数学探究式教学的原则与步骤

初中数学探究式教学是一种以数学问题探究为主的教学方式。具体地说，是指学生在教师的启发诱导下，对数学事实进行观察和分析，在此基础上提出有意义的数学问题，并针对提出的数学问题进行观察和实验，用归纳、类比、猜想等合情推理的方法探求数学结论，用演绎推理的方法对结论做出证明，最后对探究结果和解决问题的思维过程进行反思和交流。

一、初中数学探究式教学的原则

初中数学探究式教学的实施必须遵循教育学的一般教学原则，如科学性和思想性统一原则、理论联系实际原则、启发性原则、发展性原则、循序渐进原则、巩固性原则、直观性原则、因材施教原则等。此外，在初中数学探究式教学的实施过程中还必须根据学科特点、学生特点遵循以下一些特殊的原则。

（一）价值性原则

所谓价值性原则，是指数学探究式教学对提高学生数学知识理解能力、创造性思维能力以及数学素养具有重要价值的原则。实践表明，并不是所有的初中数学教学内容都适合采用探究式教学。初中数学探究式教学要想取得预期的效果，首先，必须考虑教学的内容是否有探究价值或者是否适合探究式教学。其次，应该考虑探究材料是否有助于学生深入理解数学知识，提高数学素养，培养创新意识和应用能力，同时所选的探究材料要具有基础性、普及性、发展性、多样性、递进性和适当的挑战性，要在实施探究允许的范围内，最大限度地发挥其作用。

（二）"最近发展区"原则

所谓"最近发展区"原则，是指教师准备给学生探究的材料或问题要有一定的难度，但又必须在学生的"最近发展区"内，使学生可以"跳一跳，摘桃子"。初中数学探究式教学强调探究内容的挑战性，但这种挑战性是相对的，它有一个度的限制。探究并不是对已有知识的简单应用，而是让学生"思维跳一跳"，通过对自身已有的知识与探究内容相关的知识进行创造性地组织和运用，最终实现探究式教学的目标。苏联教育心理学家维果茨基于 20 世纪 30 年代提出了"最近发展区"的概念，并创造性地阐明了教学、学习与发展之间的辩证关系。只有针对"最近发展区"的教学，才能促进学生的发展。发展的过程就是不断把"最近发展区"转化为"现有发展区"的过程。只有那种能激发学生思维的探究内容，才适合学生的发展，才有利于创造性思维的训练和创新意识的形成。教师在开展探究式教学中所选的探究材料或者数学问题均应符合学生的"最近发展区"原则。

（三）过程性原则

所谓过程性原则，是指初中数学探究式教学在重视学生学习结果的同时，更要注重学生的探究过程，以及学生在探究过程中的感受和体验。探究式教学特别强调学生学习的过程性，注重知识的生成过程，强调培养学生的科学素养，关注学生的探究过程，重视探究兴趣与学生的发展，强调学生的情感体验。即使学生提出的问题在现实生活中暂难实现，甚至异想天开，教师也要予以鼓励，绝对不能讽刺和指责学生。更重要的是，没有多样性、丰富性的学习过程，就不能培养学生的多种能力和创造性思维。新课程倡导我们在课堂教学中应该尽可能地让学生生成问题，让学生充分展示自己的思维过程。数学学习不仅要重视结论，更要重视过程。

（四）激励性原则

在教学过程中不仅要重视知识信息的传输反馈，也要注重师生之间的情感交流，而且情感教育在探究式教学中的作用更是必不可少。若把认知教育与情感教育结合起来，就能有效培养学生在探究式教学中的学习兴趣。教育心理学认为，在教师激励的教育方式下，学生对外部适当的正刺激能产生内驱力，会使学生处于一种活跃的、能动的积极状态，从而引发学习动机。强化人际互动，促进学生主体结构的建构，让学生在获得知识、提高能力的同时深深体会到成功的乐趣，这就是激励性原则。

（五）主体性原则

探究式教学应体现"教师为主导，学生为主体"的原则，这也是新课程理念的基本原则，这也符合新课标的"以人为本"的精神。学生就是"本"，教师所做的一切努力，都是为学生提供更宽广的发展空间，为学生掌握知识、学会学习服务。学生作为学习的主体，课堂上的"活动、探究、讨论、交流、反思"都是学生自己的活动，必须由学生自己来完成。教师作为必不可少的组织者，其作用是设计、引导、协调、点拨。强调学生的自主发展，但不是自由发展，整个教学过程应在教师的合理控制之下。学生的主体作用不仅体现在时间和空间上，更重要的是体现在思维上。

（六）合作性原则

社会的高速发展需要合作性的人才，我们在教育的过程中不仅应该关注学生的知识和能力的发展，还应该关注学生之间的合作。联合国教科文组织把"学会合作"作为未来学生学习必须考虑的因素。我们应该培养学生的合作意识。在初中数学探究式教学中，通过设计合作的活动，让学生建立小团队，在学习过程中相互帮助、合作交流。通过这种方式，可以让初中学生的合作能力得到迅速的提高和发展。在课堂教学过程中，教师可以让学生和同桌或邻座的同学进行沟通交流，让每一位学生都能发挥各自的优势，通过互相启发和互相帮助的方式解决相关问题。利用学生思维互补的特性，让学生各抒己见，从而拓展思路，让学生更加全面准确地了解和掌握相关概念和结论。对于学困生的反馈要及时给予评价，并且积极引导进行反思总结。不能总是加深问题难度，还要对基础知识中的薄弱环节加强训练。比如对运算能力弱的学生，平时要让其多做相关练习，以不断提高自己的运算能力。

（七）递进性原则

所谓递进性原则，是指初中数学探究式教学要按照数学的逻辑体系和学生认识发展的顺序由浅入深、由易到难地进行教学。学生学习的发展是一个循序渐进的过程，而数学探究式教学必须遵循数学知识的逻辑结构序列和学生认识能力的发展序列，逐步实现知识的掌握、技能的形成、思想方法的感悟和能力的提高。初中数学教学大纲和教科书一般不是以知识形成和发展的顺序进行编排的，教师作为课程的实施者，要对某些探究内容的历史发展过程和逻辑体系结构进行考查，并结合学生的认知特点来选择恰当、合理的方式进行教学。在教学设计时，要恰当地设置探究内容递进的剃度，既要防止缺少递进过程而企图一步到位的倾向，又要避免因递进的梯度太小造成所学知识的低水平重复现象。

总而言之，初中数学探究式教学创设了多元、动态、开放的课堂环境，让学生主动学习，有利于唤醒、挖掘和开发学生的潜能。探究式教学讲究师生平等，教师对学生思维的限制减少，符合初中生自我意识的心理特征，为学生提供了开放性的发展空间，有利于促进学生兴趣、动机、情感、意志、性格等非智力因素的健康发展，从而促进学生自主全面发展。

二、初中数学探究式教学的步骤

（一）创设情境，提出问题

作为探究式教学具体步骤的第一步，创设问题情境显得尤为关键，它的效果直接关系到整堂数学课的有效性。数学和问题是密切相关的，数学问题能够激发学生的思考和寻找答案的欲望，教师在教学时应注意设置良好的问题情境，可以从以下几个方面做到：首先，数学问题要生活化。问题贴近生活有利于学生理解和分析问题。其次，数学问题要有层次性。要在学生的"最近发展区"范围，也就是数学问题不能过于太简单，太简单会缺乏挑战性，但也不能过于太难，太难的问题会打击学生的学习兴趣，而应该是学生经过自己的努力可以解决的问题。再次，数学问题要具有典型性和趣味性。提高教学效率，使学生能够举一反三。在探究数学问题、寻找答案的过程中，可以提高学生的学习能力和探究能力。而数学问题情境的产生可以有很多来源，主要有以下几种方式。

1.从现实生活中导入问题情境

总的来说，数学来源于生活并服务于生活。因而数学问题的产生可以依据现实生活中的具体情境，让学生感觉数学就在我们身边，减少数学"抽象""无用"等错误标签，让学生对提出的问题敢于尝试，从课堂一开始就激发学生对数学知识的探究欲望。

在导入问题情境之后，教师可以引导学生列举身边发生的类似的问题情境，培养学生举一反三的能力，增强学生对问题的理解和掌握能力，扩展学生的思维。

2.从学生已有的数学经验出发进行问题情境创设

从学生已有的数学经验出发其实是利用了知识的应用与迁移。在学习过程中，人的记忆是有限的、会遗忘的，随着时间的增加会遗忘得越来越多。在学习新知识之前就需要对已学的知识进行复习，这就是人们常说的"温故而知新"。通过这种方式促进学生知识的纵向迁移，最后将新旧知识有效融合，达到举一反三、触类旁通的效果。

学生学习数学知识的过程是一个循序渐进的过程，数学知识由浅入深、由易到难，这要求教师在进行教学设计时要考虑学生已有的数学知识水平，根据"最近发展区"原则选择符合学生学习的教学内容和方式，让学生在已有的认知发展水平和知识经验的基础上，只要再努力一点就可以解决问题，这样一方面可以巩固已学知识，另一方面又可以学习新知识，带领学生通过自己的努力体验成功的感觉。从学生已有的数学经验出发来导入，通过对比新旧知识，让学生很快接受新知识，还可以建立知识框架，使学生对所学知识的掌握呈现螺旋式上升的态势。

3.从趣味中创设问题情境

在数学课堂中，使课堂变得有趣味的方式有很多，比如可以通过歌曲、数学史、寓言故事、名人轶事、数学活动和游戏等方式创设数学问题情境，以激发学生的好奇心和学习兴趣，还可以在教会学生学习数学知识的同时，接受数学文化的熏陶，把人文教育渗透到初中数学课堂中来，这也符合新课标的要求，是培养德智体美劳全面发展的人的必然要求。

4.从习题中的问题出发创设问题情境

学习完一个新知识后，教师会安排一定的练习题、习题、作业或试卷等对学生的学习情况进行检测和评价，以此来判断学生对知识的理解和掌握程度。学生学习新知识后，不一定能够很好地运用所学知识解决问题，但是在此过程中教师可以根据多数学生出现的共同问题创设问题情境，引导学生共同来解决，最后对问题及其解决方法进行归纳总结。

总而言之，情境导入的方式有很多，根据不同的标准划分会有不同的导入方式，教师可根据教材中的案例进行导入，但也要灵活运用教材，适当的时候可以在尊重教材的基础上结合学生的实际情况进行改编，真正做到因材施教。情境导入的工具可以采用多媒体增加内容的生动性和形象性，也可以让学生通过自己动手发现问题来进行导入，还可以直接通过板书提出问题进行导入。总的来说，要做到具体问题具体分析，要根据教学的具体内容和教学方式采用相应的导入方式，有时可同时采用多种导入方式共同进行。不管采用何种方式，只要能够激发学生的学习兴趣和探究欲望、能够让学生主动参与探究活动的方式都是可行的。

（二）自主思考，合作探究

探究的含义起码可以分为两层，一是探，二是究。探就是要明确我们的问题、方向、任务、步骤；究就是对我们所得到的东西进行进一步的追究、研究。课题可以分为概念课、性质课、复习课、习题课、试卷讲评课、活动课，活动课又可以分为纯数学活动课、信息技术活动课、数学简史活动课、知识窗活动课等。而应用性的课堂如复习课，其探究的内容就比较少，而是重在应用。具体采用什么样的探究式教学方式，需要根据知识的分类，有些知识的探究点比较少并且难度不大，就没有必要去设置过多的探究时间，而对于有些比较难的知识，就可以设置更多的探究时间。也就是说，探究式教学并不代表整堂课都在探究，而应该根据具体的课题内容进行设置。

1.类比探究

类比探究比较直接，它遵循学生的智力发展规律，由易到难、由简到繁，由于学生已经学习过类似的知识结构和内容，所以在此基础上进行知识的类比和迁移就容易得多。

2.归纳和演绎探究

归纳是对一系列具有代表性的个别或几个对象进行研究，进而概括出一般性原理的思维方法。而演绎则恰恰相反，是从一般性原理中得出个别或几个对象的结论。归纳和演绎不可分离。归纳法是一种或然性推理方法，归纳法不可能包含到所有对象，也就是不可能做到完全归纳，因此归纳的结论不一定可靠，而这就需要对结论进行检验和验证。学生通过观察探究内容，发现其中隐藏的一般性规律或结论，而要判断其规律或结论是否正确，需要对其进行验证，最后将正确的结论进行总结和归纳。归纳和演绎探究可以锻炼学生观察发现和归纳总结的思维和能力。

在探究过程中，并不是所有的事情都能按照预设的步骤来进行，而是随时都有可能发生意外，进而引发各种课堂问题，这些意外和问题如果得不到及时解决，就会降低课堂效率甚至阻碍课堂教学的顺利进行。这一切就需要教师的及时参与和有效指导。对于探究顺利、得出正确结论的小组，应及时地进行表扬；对于探究遇到问题又无法解决的小组，应进行正确的引导和鼓励。同时应该准备一些提升性的探究课堂，让先完成任务的小组继续进行探究和提升。让学生经历数学知识的发生发展过程，唤起学生已有的认知和体验，做真正的"数学人"。而这一切都需要经历讨论合作、协作探究的过程。

总而言之，讨论合作、协作探究需要学生在探的时候明确问题、任务等，对问题、任务等进行独立发现和思考，以发挥个人的才智，然后在尊重学生独立人格的基础上，通过小组交流与合作等形式开展丰富多彩的教学活动，引导学生参与其中。这需要教师有效地组织好课堂教学的每一个环节，才能使讨论有意义，从而实现真正有意义的探究。为学生提供一个集民主、平等与和谐等因素于一体的教学环境，丰富教学活动，使教学活动成为打造数学文化课堂的有力武器。在这样的数学课堂上，不仅可以增加学生的知识积累、构建知识框架，还可以启发学生思维、培养学生的学习能力和创造能力等。

（三）练习巩固，演绎提升

同一个内容，如何去进行变式设计呢？在这个情况下，学生会做此类题型后，换一个背景，如增加或删减一些条件，学生能否在似是而非、似曾相识的环境下去解决一个新问题，这就是利用一个已有的知识方法去探究一个新的领域，看似一个应用型的题目、一个习题讲评或试卷讲评，但其依然有很大的探究价值。这样的探究更多的是在知识迁移下进行的探究。变式在探究中特别是应用型的课题里体现得很重要，而这恰好是教师的短板。变式训练也属于对教师命题能力的培养，命题的培养需要教师对教材的知识点、概念很熟悉，需要对考纲、课标很熟悉，考什么，哪些要考，考到什么程度，怎么考都要拿捏好。

变式的练习从角度上可以分为三类。第一类，从广度上变式：这是最浅层次的、最简单的变式，指的是横向层次的变式，只是题目的形式和种类发生了变化。第二类：从深度上变式，这类变式会把前后知识衔接起来然后综合运用，通常要求学生要对前面所学的知识有良好的掌握，并能融会贯通、熟练运用。第三类：从高度上变式，这类变式不仅会与之前学过的知识有联系，而且更多地会涉及学生没有学过的下节课或是以后的知识，让学生接触过后有一种"似懂非懂"的感觉，同时依然保持强烈的求知欲和好奇心，这样能为以后的学习设下"圈套"，做好铺垫。在这里，按照同一知识类型可以分为形式变式、方法变式和内容变式。

（四）评价反思，应用迁移

评价与反思包括对教学设计的重新梳理与完善（采用的教学方式、数学思想等）、教学评价、对教学中发生的问题的思考与改进等。如学生自发地认识事物、分析事物的意识是值得提倡的，这需要教师在进行教学设计时，充分考虑学生的认知基础和认知方式，从而层层引导，方能步步为营。学生作图规范性有待培养和加强，才能更适应后续学习发展的要求。

评价标准如果从主体的角度来分，可以分为教师自我评价、学生自我评价、师生和生生之间的互评，其中教师的自我评价对于提高其教学水平和质量非常重要，可以说关系到教师的终身发展。

评价标准还可以从三维目标的角度来做，即知识与技能目标、过程与方法目标、情感态度与价值观目标。第一，知识与技能目标。例如，考虑到学生是否掌握了多边形的内角和，可以出题给学生做，学生做对了说明这个知识学生掌握了；考查学生的尺规作图能力，比如当学生会画角平分线时，这个技能就掌握了；比如计算技能，如果学生会计算有理数的加减乘除与乘方的混合运算，就说明他掌握了这个计算技能。第二，过程与方法目标。例如，在学习多边形的内角和章节内容时，学生参与度如何，可以观察发言的有哪几位学生，观察学生做题的过程，学生如果做题认真，解题过程会很规范，基本可以认定这个学生属于学习认真的类型，将来发展会很好，为什么会有这样的判断？是因为我们有预测。凭什么来预测呢？是因为我们关注了学生学习的过程。就好像我们看一个人如果平时认真，你会认可他，所以这个过程很重要。那么方法呢？在多边形的内角和问题中，从多边形的顶点、一边、内部一点、外部出发进行分割，这是一个方法。可以判断学生是否具备化归的思想方法、数形结合方法。第三，情感态度与价值观目标，在上课的时候，学生的情感被带动起来了，他就会在课堂中积极地参与，进而转变学习态度，对数学的认识和观念也会发生改变，变得很有信心。但第三维目标可遇不可求，第八次课改最关注的是第二维目标，而传统教学最关注的是第一维目标。所以评价体系应该要基于这三个方面，关注考试的结果如期末考试或学业水平考试等即第一维目标，关注过程如平时的表现即第二维目标，关注长期的发展如养成良好的数学素养和数学思维即第三维目标。

第三节 核心素养视域下的初中数学探究式教学策略

核心素养背景下，初中数学课堂教学要实现有效课堂构建，教师需围绕学生数学核心素养的能力要求，充分尊重学生的学习特点及学习需求，激发其学习自主性，给学生创造自主学习和探究的学习环境。教师要让学生在探究中掌握方法、学习知识并在实践中灵活运用所学知识解决问题，以促进学生数学综合素养的提升。

一、精心设计教学导入调动学生学习兴趣

良好的开端是成功的一半。要想提高数学课堂教学效率，就需要教师做好课堂教学导入，以生动富于趣味性、启发性的方式调动学生的学习积极性。例如，在利用全等三角形测距离章节的教学中，结合学生对探险活动的兴趣点，教师可在课前借助多媒体播放一些密室探险相关的、具有较强视觉冲击力的视频或图片，并告诉学生本节课的内容与探险活动有关，以调动学生的学习兴趣。随后，向学生展示教学图片，上面画有一个在测出距离方能进行探险的位置，告诉学生距离的测定需要借助数学的方法展开，这就是我们今天要学习的内容，即利用全等三角形来测出距离。这种方式导入课堂教学内容，能够很快地吸引学生的课堂学习注意力，提高学生探究式学习的积极性。

二、重视背景介绍，形成概念、法则

数学中每一个概念的产生，每一个法则的规定都有其丰富的知识和一定的历史背景，在教学过程中，教师不能舍弃这些知识和背景，而直接抛给学生一连串的概念和法则，因为这种做法会使学生感到茫然，失去了培养学生概括能力的极好机会。探究式教学是要将概念和法则的形成过程还给学生，以提高学生数学抽象的能力。

比如方程的概念教学，传统的做法是给出方程的定义，然后给出若干式子让学生判别哪些是方程。探究式教学的做法是先给出若干式子，然后让学生观察，找出其中的一些共

同特点，如一部分式子是等式、一部分式子是代数式，在等式中又有一部分含有未知数，这样我们就把这种含有未知数的等式叫作方程。再比如平面几何中两条平行线的距离的概念教学，传统的做法是先由夹在两条平行线间的平行线段相等，直接给出两条平行线的距离的概念。探究式教学的做法是先让学生回顾一下过去学过的有关距离的概念，如两点之间的距离、点到直线的距离，引导学生思考这些距离有什么特点，发现其共同的特点是最短，然后启发学生思考在两条平行直线上是否也存在这样的两点使它们之间的距离是最短的。如果存在，应当有什么特征？于是经过共同探索，得出如果这两点的连线段与这两条平行直线都垂直，则其长度是最短的。在此基础上，自然给出两条平行线的距离的概念。这样做，不仅使学生获得了概括能力的训练，还尝到了数学发现的滋味，也认识到距离这个概念的本质属性。再比如讲函数这个概念时，可以先给学生讲一讲有关函数概念的历史知识。在 16—17 世纪，随着欧洲由封建社会向资本主义社会过渡，生产力得到了大大的解放，由此推动了数学的发展，开始引入变量和函数的概念，从此数学研究由常量数学时期进入变量数学时期。在我国，"函数"一词最早出现在 1859 年清代数学家李善兰和英国传教士伟烈亚力合译的《代微积拾级》一书中，该书中将"function"译成"函数"，并给出定义："凡此变数中含彼变数，则此为彼之函数。"意思是如果一个式子中包含着变数 x，那么这个式子就是 x 的函数，并举例 $y=ax+b$。这样的介绍引入，不仅能使学生认识到数学与社会发展的关系，而且增加了学生学习数学概念的生动性、趣味性。

三、精心设计教学环节挖掘学生数学潜质

新的教学内容能否被学生很快地理解并吸收，需要教师设计不同的教学环节，以逐渐调动学生的思维活力，并展开从初步了解、自主探究、课堂随练及课后巩固等方式的整个学习过程。教师在各环节设定和实施中，要注重培养学生数学多方面能力，为充分挖掘其数学潜质奠定良好的基础。例如，在探索轴对称的性质章节的教学中，教师可采用小组合作学习模式展开教学，并要求各小组围绕轴对称性质及其在我们日常生活中的应用展开合作学习。这两个探究内容，是在包含本节课所有知识点的基础上进行了生活拓展，要求各小组内部明确分工，发挥各自所长展开有效学习。在总结轴对称性质时，学生自主借助画

图来辅助并促进理解，在自主思考与探究的过程中完成课堂教学任务，在激发学生数学潜质的同时，还提高了课堂教学效率。

四、精心设计教学环节以总结拓展知识点

教学总结在数学课堂教学中非常重要，是促进学生深入理解、思考并掌握教学内容的重要环节。同时，在总结中，教师要注重优化学生数学核心素养，对教学知识点进行拓展，以延伸各知识点，促进学生对教学内容的学习深度和广度。例如，在探索轴对称的性质章节教学总结中，为使学生对轴对称性质在日常生活中应用有更深入、清晰的认知，教师援引在建筑施工中可以借助轴对称确定超市、幼儿园及停车场的最佳建设位置，以促进了学生对知识点认知范围的扩大。

五、精心设计教学评价优化学生数学思维

课堂评价环节是巩固教学内容、促进学生深入思考的重要环节。基于课堂有限的教学时间，为了完善并发挥课堂评价的作用，教师要创新课堂评价方式，并注重多种角度的课堂评价，以优化学生数学思维。例如，在探索勾股定理一课进行教学评价时，基于之前的小组合作学习，教师可要求各小组内部展开评价，以提高评价的有效性。组员之间会针对彼此的学习习惯、学习技巧、思维方式等进行互评。在此基础上，教师再进行整体评价，使学生对自己在学习中的优势与不足形成清晰的认知，使其数学思维得到优化，同时数学探究课堂也可以得到切实的改进和提升。

六、精心设计课后作业巩固强化教学内容

课后作业是延伸课堂教学、巩固学生对知识点的吸收及应用的有效途径。课后作业在设计时，教师要以巩固学生对教学内容有吸收和记忆为目标，同时要借助习题思考优化学生的数学思维和自主探究精神，提高课堂教学质量。例如，在勾股定理内容的实践应用教学中，教师可侧重培养学生对所学知识的应用能力，以及良好的发散性思维。教师可启发学生对学校环境中及自己家庭周边环境中进行仔细观察和思考，哪些地方体现出对勾股定理的应用，运用此定理能够有效解决哪些生活中的问题，等等。在完成实践探究后，教师

要求学生对所观察、感悟到的情况拟写一份总结性作业，从而更有效地发挥了课后作业对巩固教学内容、推进学生数学思维能力、实践应用能力的提升和促进作用。

七、注重回顾反思，提炼数学思想

探究式教学要求充分暴露知识的发生过程，其中包括数学思想的提炼、概括。数学思想总是蕴藏在具体的数学知识、数学方法之中，它是高度概括的数学理论。数学思想不仅对学生系统地掌握、运用数学知识和方法解决问题具有指导意义，也对学生形成正确的数学观大有益处。探究式教学通过对学过知识的回顾、反思，对所用方法的概括、提炼，以挖掘其中的数学思想，并用数学思想来指导数学教学实践。如通过对解方程、方程组的回顾、反思，提炼出"降次降维"的思想、"换元"思想、"转化"思想，而这些思想又都属于"化归"思想。如通过对函数、函数图像知识的回顾、反思，提炼出数学虽然是以现实世界的数量关系与空间形式作为研究对象，但是数与形是互相联系的，也是可以相互转化的。把问题的数量关系转化为图形的性质问题或者把图形的性质问题转化为数量关系问题，是数学活动中的一种重要思维策略，这种处理问题的方法是"数形结合"的思想方法。

探究式教学与传统的讲授方式有着明显的不同，它要求教师把科学当作一种过程，而不仅仅作为结果的知识体系来教，教学时既要重视结果又要重视知识的获得过程，教师要明白有时重过程更甚于重结果。学生进行探究式学习，会全身心投入其中，使学生的认识、情感、意志及行为达到高度的统一。教学要想达到让学生全身心投入的状态，就必须以学生而不是教师为中心，使学生对观察、提问、分类、测量、实验、推理、解释、预测等活动既产生兴趣，又力所能及。

综上所述，在核心素养下要想促进初中数学探究式课堂的构建，教师就需要在对学生传授数学基础知识的同时，充分落实生本教育理念，创新课堂教学模式，在各个教学环节的设计中激发学生学习的积极性和自主性，培养学生具备良好的数学思维能力、实践应用能力和创新探究精神。通过这些教学措施，教师可以丰富初中数学课堂教学实践经验，提高学生数学核心素养，促进初中数学探究式课堂的构建。

第五章　初中数学教学实践的多元化探究

第一节　初中数学概念教学的策略

一、数学概念与数学概念教学的界定

（一）数学概念

1.数学概念的定义

数学概念通过定义、公式等表达出来，是人类对抽象内容的一种概括。同时，也是对数量关系的一种表达。概念是知识的本源，数学概念学习应该从摸清根源开始。知识是无限的，任意一个内容都需要由中心部分扩散而出。概念输出大于输入，而坚持长时间的输出，内化成自己的知识，才能灵活地被掌握与运用。

数学概念就是数学知识的关键，所以在数学教育中，数学概念的重要性如何强调都是应该的。数学概念的学习过程是思维的形成，所以对概念理解必须到位。理解数学概念需要从不同角度把握其内在，先由具体分析再抽象出它的深处。其作为数学头脑的动力源泉，是启发思维的关键点，也是培养核心素养的源头。

2.数学概念的分类

数学概念的类型多种多样，根据不一样的种类可以分成多种类型。

（1）根据概念组成进行分类

概念一般都由内涵和外延组成，其分别代表了不同的意思。前者是对概念自身所蕴含意义的反映，后者是其本身所映射出的同一种类型的对象。比如，函数包含一次函数、二次函数等。概念的内涵和外延关系密切，不可分割。它们是随着前者增加，后者减少。反之，前者减少，后者增加。

（2）根据概念特征进行分类

根据数学知识的综合性和区域性特征，可以将数学概念划分为数学区域概念和数学类别概念。数学区域概念指在某一领域内多种事物具有相同的特征，例如函数、方程等。而数学类别概念是指在指定的事物中所具有的特征，如平行线中的同位角与内错角等。

（3）根据概念外延范围进行分类

早几年前我国对于数学概念的分类是几何与代数，现如今可以将数学概念的外延范围划分为以下三种类型。

其一有着丰富的内涵，外延范围狭小，如梯形等。其二是指一类具有共同属性的概念，有着丰富的外延，内涵范围狭小，如一元一次函数、一元二次函数等。其三是由前两种数学概念进行融合得到的。

（4）根据概念内涵性质进行分类

按照数学概念表面划分，可以将其划分为具体与抽象。具体数学概念可以直接通过表面的意思来理解，比较容易被理解，如坐标、三角形等。抽象数学概念从表层无法直接看出其本质，比较不容易被理解，必须进行深入剖析，这种具有抽象性，不好处理与运用，如函数的性质与应用等。

3.数学概念的特征

（1）判定特征。概念具有判定特征，指依据概念的内涵，人们便能判定某一对象是概念的正例还是反例。

（2）性质特征。概念的定义就是对概念所指对象基本性质的概括，因而具有性质特征。

（3）过程性特征。概念反映了某种数学过程或规定了操作过程，如分母有理化。

（4）对象特征。概念是一类对象的泛指，如三角形。

（二）数学概念教学

数学概念学习中存在的诸多问题直接导致数学知识的掌握不牢，进而影响到整个数学知识体系的建立，也影响到学生核心素养的发展。设计高效的课堂是至关重要的。通过阅读大量的文献，可知研究数学概念的重要性，也了解到当下数学概念教学存在一定的问题。

正如王华强所说，根据现代概念教学研究中重理论轻过程的问题，提出了一些建议。

根据大多数研究中对数学概念教学过程的分析，结合当下教育热点，分析数学核心素养与概念教学之间的关系，进行高效的数学概念教学是教师的职责所在。

数学概念一般由知识和逻辑组成，它具有抽象概括性，因此对其认真研究具有非常重要的价值。韩晓雪在她的研究中说过数学概念是数学教学内容的核心。它具有非常重要的价值。成功的数学概念教学是进行高质量数学课堂教学的钥匙，但对于教学策略的制定仍然不够完善，只是着重于进行概念的引入。现实教学中并没有系统地叙述概念教学的整个过程，以构建概念知识体系。

数学概念教学尤为重要，但是由于存在各种因素，使在教学过程中存在一些问题。这些因素是值得我们去分析和研究的，也值得我们去探索更高效的数学概念教学策略。

（三）数学概念教学构成要素

1.引入

良好的开始是成功的一半。引入同样如此，它有着承上启下的作用，甚至可以起决定性作用。把引入作为开端，可以使学习者深入理解数学知识。反之，不恰当的引入，便会让学生感觉乏味无聊，失去对数学学习的乐趣，不利于学生的概念学习。当引入做好了，那便像打开闸门一样，带着学生一路欢快地奔流，让学生享受学习，喜欢学习。数学知识比较有逻辑性、抽象性，所以学生学习数学知识的时候，可能感觉有点枯燥无味，而对于理论知识的学习，我们更喜欢听故事、做游戏。那么教师可以根据内容的需要，择取适当的方式，将学生带入课堂之中，让学生对数学概念学习充满热爱，进而进行高效的学习，使学生思想观念得到良好的转变。

2.理解

在一节课中引入之后，接下来便是理解。对于概念，我们要做的就是需要领悟其真正的意义，需要从整体领悟其内涵。真正领悟其内容是整节课堂的中心点。概念的理解促进学生思想内部矛盾发生积极转化，只有学生充分理解数学概念，才能够灵活地解决问题。使学生从心理上做出积极调整，让他们懂得从整体上分析。在这个过程中，领悟还是很重要的，是进行后续的重要部分。

3.巩固

在数学概念教学过程中，学生对数学概念充分理解之后，同等重要的环节随之而来，那便是巩固。我们都知道遗忘曲线，从中可以了解到若想完全掌握，就必须不断地加强反复。在数学概念的学习中，不断加强巩固，不断反复，借助言语、图文、练习等方式来巩固数学概念。稳固学生的领悟内容，通过这一步，使他们可以更加灵活处理。否则，在没有不断重复、不断巩固的情况下，只会导致学生对数学概念产生遗忘，不能充分地理解与运用。那么就会出现读死书的情况，不利于学生思维的训练，学生不能将数学概念进行迁移等状况。通过这一步，可以避免遗忘领悟不牢的内容，也不会出现读无用知识的现象。

4.概念体系的构建

某些数学概念之间具有连接性，数学概念体系的构建能够使学生清晰透彻地认识概念，构建概念知识结构。又能够使学生更容易记忆，摸清门路，厘清它们之间的牵扯。人对文字的记忆低于大脑对图文的记忆，在求取知识中，运用概念图的方式，将数学概念抽丝剥茧，厘清结构关系，并且将零碎的数学概念进行整理，将知识融会贯通。开启学生的图文思维，从整体上形成对数学概念的认识，不再零碎，从整体上促进综合能力发展，提升学生的数学核心素养。

二、数学概念教学的理论基础

以下叙述相应的理论，提取精华之处，供给思想支持。结合相关的理论思想，将其运用到课堂教学之中，那么授课效果将更高效，更有价值意义。

（一）维果茨基理论

维果茨基认为，学习并不是被动接受，而是个体主动获取。每一位学习者都是在自己已知道之上进行新的获得组合。新与旧时常碰撞，当两者产生矛盾时，需要进行调整自己的知识系统来更好地适应新的。学生更加需要我们教师的辅导支持，我们是辅助他们成长的人。此外，他最著名的理论即前文多次提到的"最近发展区"，在此不做赘述。

维果茨基说出了两部分：一是自身当下所处的档次；二是在经过成长或后期磨炼过程

中可能达到的档次。他认为学生的吸收内容是头脑培育的过程。学习是从初级到高层不断提升的过程。内部必须与外界刺激发生作用，才能实现新旧知识的整合，从而构建新的认知结构。因而，应该让学生在弹性范围内进行成长，领悟内容。在能够接受的范围内学习，不可急于求成，我们针对的是初中学生，他们的系统层次还处于底层，教师在进行概念教学时，应好好考虑，应根据所教学生的认知情况，进行合理的教学。在旧知识的基础上累加新知识，不要一蹴而就，使思维能力逐步得到提升，进而培养学生的数学核心素养。

（二）布鲁纳认知发现说

布鲁纳认为，看透学习很有必要。其本源就是把同一种东西进行归类，同时进行命名，说出它们的意义。

在他看来，我们只有一种任务。就是把该领悟的内容传输给所教之人。那么运用什么办法，才是我们要仔细琢磨的。由此，他提倡使用发现学习的方法，让其自身发现问题、分析问题、解决问题，以提升学生自主学习的能力，这也是当下核心素养的内在要求。比如，数学概念教学。在这之中，通过教师为辅助，学生自动吸取，他们可以自主探究寻找本源，处理矛盾。这种方式更容易让学生深入其中，达到教学目标。

三、概念教学中落实数学核心素养的策略

（一）研读《数学课程标准》，把握核心素养内涵

教育一直随着社会的发展而发展。那么在 21 世纪的社会中，良好的教育是什么呢？爱因斯坦曾说"教育就是一个人把在学校所学的全部忘记后剩下的东西"，教育不再仅仅要求学生掌握知识技能，还要求学生提高素质方面，这与核心素养的理念不谋而合，由此一位优秀的数学教师掌握数学核心素养的内涵是必要条件。《义务教育数学课程标准》对教育理念、学制课时安排、体例结构安排、教学目标、课程实施建议均做出详细要求。教师若想要设计好一节优秀的概念教学课，就必须对数学核心素养的内涵有一定的认识。倘若教师对数学核心素养的内涵都模棱两可，那是断不可能设计出基于数学核心素养下的概念教学的。由此可见，教师认真研读《义务教育数学课程标准》，领悟数学核心素养的内涵是教师进行概念教学设计的前提，其中的"课程内容"对初中阶段每一个知识点应该达到

的教学目标都做出了明确规定。教师在规划任何一节数学教案教学时，也包括数学概念教学案例，都应该事先研读相关部分的课程内容，按照《标准》的教学目标来制定教学目标，并且参考《标准》部分的评价建议，来检验教师所教授的概念教学课是否达到目标。教师对《标准》的仔细解读，有利于教师对数学核心素养的准确把握，从而有利于教师对基于数学核心素养下概念教学课的有效实施。

（二）创设情境引入概念，激发学生求知欲

"数学概念可以理解为学生对数学事物最根本的认识，是数学逻辑思维最原始的表达形式，是组织数学内容综合体系的基本单元"。而在实际教学中，由于课堂时间限制原因，教师一般会简短并直接地呈现数学概念的定义，甚至以学生朗读概念定义的方式进行。教师应该创设恰当的情境来引入概念，而在此教学过程中要想取得立竿见影的效果关键是在概念教学中创设的数学情境。一个好的数学情境不仅仅是课堂上的承前启后，不只是为了引出今天所学的数学概念，还要注意学生的认知现状，当新概念与学生的原认知发生冲突，再引导学生将所学的内容和头脑中已有的经验建立联系，也就是发生了真正的学习，否则将是学生被动地记忆知识。

生活情境是数学的发源地，实际生活中很多事物都是数学概念的原型，数学是一门从生活中来再到生活中去的学科。数学上的许多概念知识都与生活情境密切相关，因此由生活情境来引出数学概念知识可以更接近学生的认识发展区，也更有利于学生的理解。"学生利用生活中的经验，对抽象的数学概念总结概括，融入生活情境的教学方式比传统的数学概念教学方式更加能够吸引学生的注意力"。一个好的生活情境不仅要包含数学概念素材，更重要的是能够引导学生将生活化的问题抽象概括为数学问题，让学生亲身体会生活化情境转变为数学化问题的过程，同时让学生意识到生活中处处蕴含着数学中的数量问题和图形问题。

（三）培养数学抽象能力，引导学生形成概念

任何数学概念的形成都不是一蹴而就的，而是经过漫长的发展过程、由数学家一步步推理证明演变而得到的。对于数学概念的形成也需要反复的猜想、证明、演变。"当今基

础教育的 DNA 就是被人人传颂的核心素养"。虽然《义务教育数学课程标准》中提到了 10 个数学素养的核心词，但是建构初中数学核心素养体系不能仅限于数学素养的 10 个核心词，而要跳出核心词的"牵绊"，上升到数学核心素养的研究上。数学抽象对学生掌握数学概念至关重要，是影响概念教学的最直接和最重要的数学素养。

（四）深刻理解概念本质，提高学生数学思维

学习的本质是体验和感悟，要使学生真正地理解数学概念就必须引导学生把握概念本质，让学生经历概念引入、形成的过程。在概念教学过程中，设计具有探索性的问题引导学生进行探究学习，让学生经历知识发生和发展的过程，促进新知识的自然生长。设计具有探索性问题使学生对概念的本质理解更加透彻，而探索性的问题应该从学生的生活经验或认知经验入手，对其进行加工改造、重构深化。"探索性问题的设置应注意：题目设置应该具有思维价值，能够有效地引发学生的理性思考；问题的难易程度要适中，学生通过适当的努力就可以解决；几个问题要有层次性，由浅入深地引导学生一步一步形成概念"。

（五）注重概念多种表征，渗透数形结合思想

数学概念的抽象性和逻辑性特征使众多的数学概念符号化，数学概念的表征分为文字语言、数学语言和符号语言，多种表征方式互相补充和丰富学生对数学概念的理解。对数学语言和符号语言的学习是数学概念学习的重要步骤，在获得数学概念定义时，教师要重视学生学习数学概念的多元表征，引导学生体会数学语言和符号语言形式的简洁性，以及内容的丰富性和使用的灵活性。在同一概念的多重表征中，重视每一种表征方式对数学概念的表达形式，在数学概念的表征学习时渗透数形结合思想。数形结合是根据数学问题的条件和结论之间的内在联系，既分析其代数意义，又揭示其几何直观，使数量关系的精确刻画与空间形式的直观形象巧妙、和谐地结合在一起，充分利用这种结合，寻找解题思路，使问题化难为易、化繁为简，从而得到解决问题的方法。

数形结合的思想方法能够直观对比地引入概念，可以将抽象思维转化为形象思维，既可以避免学生学习中感受到枯燥无味，又可以帮助学生多角度全面地理解概念。比如"数轴"概念的表征学习，数轴有多种表征方式，有教科书上的文字定义，规定了原点、单位

长度和正方向，还有数轴的图形表征方式等，数轴概念就是源于图形的基础上定义的，这是天生的联系，在教学时，教师不仅要学习"数轴"文字概念的内涵和细节，而且要进行数轴图形的辨析和熟练，使学生可以更好地建立数轴的概念，也可以发展学生应用"数轴"概念解决实际问题的能力。在概念表征时向学生熏陶数形结合思想，在数轴概念应用练习时能够想到数轴的文字概念和图形形式，以开拓学生的解题思路，锻炼和发展学生的基本技能。

学生对于数学概念的表征有多重理解，在数学概念的学习中建立了数形结合的思想和意识，在数学公式、定理数学概念的应用中便能高屋建瓴，融会贯通。

（六）融入数学概念文化，树立正确价值观念

在概念教学中，教师着重要求学生掌握概念知识，加强学生对概念知识的应用，然而却容易忽视引导学生了解数学概念的现状和历史发展这一方面。从某种角度看，这会导致学生对数学内容的认识较为片面或狭隘，也阻碍了数学文化的传承。在概念引入环节穿插数学小故事巧妙地引出数学概念，可以使数学概念课更加生动有趣，激发学生的学习趣味性。

例如反比例函数的概念教学课。反比例函数的教学中，使学生了解概念的背景，体会数学与实际生活密切相关，树立正确的价值观，体会辩证唯物主义的观点。教师介绍《太上感应篇》中店主"入重出轻"的故事，教师用讲故事的口吻向学生徐徐道来什么是"入重出轻"。古时候的商人不论是做什么买卖的，都离不开一杆秤，而有一位商人在临死的时候向儿子泄露秤中的秘密说，我能发家致富，秘密全在这杆秤里，这个秤中间空的地方藏有水银，秤出和秤入时水银在秤头和秤尾徘徊，这样入重出轻，就是我致富的原因。通过讲述"入重出轻"的数学文化史，引入秤的模型，教师利用天平秤做实验，通过控制变量，得到正比例关系和反比例关系。利用数学文化"入重出轻"的典故除得出其中所隐含的数学知识外，还要教导学生树立正确的价值观。

数学史使数学概念知识更加丰富有趣，学生能更正确地理解数学核心概念。然而基于核心素养下的概念教学，并不是简单地陈列关于某个数学家的小故事。关键是利用数学历

史故事，引导学生体验数学家发明创造出数学概念的思路历程。教师需要对数学史知识重构，指引学生主动发现探索，把数学概念讲活、讲透、讲深。

第二节　初中数学发展性作业优化探究

一、数学作业

（一）作业的含义

作业一词最早来源于《辞海》这本书，该书中把作业定义为"为完成生产学习等任务而开展的教育活动"。在《教育大辞典》中，指出作业包括课堂作业和课外作业两大作业类型，同时对这两类作业进行了详细的解释说明。"课堂作业"即教师上课期间在课堂上所布置的一些活动，适合学生在课上随时进行当堂练习等，是正常教学活动中不可或缺的一部分。其中"课外作业"跟家庭作业具有相同的意义，首先都是教师布置的，其次都是在课下时间完成的，最后作业目标是一致的，均是掌握知识和巩固知识。虽然对作业的定义有很多种，但是万变不离其宗，绝大多数对作业定义均为学校布置的功课和任务。

（二）发展性数学作业

给作业加一个修饰词，即发展性，什么叫发展性，就是基于一种发展性评价理论，是区别于传统基础性作业所提出的一个新概念。传统基础性数学作业主要是通过做大量的课后习题，不断地进行书面训练，基本目的为巩固知识和培养学生的解题运算能力。由于学生作为学习的主体，具有顽强生命力且有自己的内心想法，并处于正在发展中的人，可塑性很强。因此在作业的设计上要顺应学生的这些特质，而发展性数学作业具有发展性的特质，相对多样、开放而不是封闭模式，它的开放性在于目标的多样（更加注重学生全面发展所达到的素质要求和适应社会具有的合作交流能力）、作业类型的多样（探究、开放、实践）、作业内容的多样（贴近生活、贴近社会）、作业评价方式的多样（自评、他评）。因此发展性作业不仅要做到培养学生基础知识和必备能力，更要注重对学生的自主性和开放性思维的培养。下面笔者将从作业功能、作业类型、作业设计者、作业特点这四个方面对传统性数学作业与发展性数学作业进行对比。

二、研究的理论基础

笔者对初中数学作业进行探究设计的初衷是为了更好地使学生学会学习数学，教师在巩固学生基础数学知识的基础上，提高学生各项数学能力，从而获得相应的数学素养，以适应自身和社会的发展。多元智力理论、波利亚解题理论、维果茨基最近发展区理论为本书的研究提供了理论依据。

（一）多元智力理论

多元智力理论由美国著名心理学家加德纳在《智力的结构》这本书中首次提出，加德纳认为人们的智力组成是多元素的，但多个能力并没有直接组合在一起，而是相互依靠又独立，人的不同智力可以组成不同的组合，其具有多元性、差异性、开发性。教师在教学时应该全面地看待学生的发展，而不可一概而论。

多元智力理论对初中数学作业设计的启示如下：人的智力高低不等，智力组成成分不同，每一位学生都有各自擅长的方面和喜欢的学习风格，作为教师首先要认识到学生智力是存在一定的差异性和具有不同于他人的独特性，应尊重每一个孩子的智力特点，正确看待每个孩子存在的不同之处，针对学生实际情况设计相应作业，并根据不同学生的智力特点设计多层次化的作业，以增加作业的趣味性、探索性，使每一位学生都得全面的发展。

（二）波利亚解题理论

著名教育家乔治·波利亚曾说过："掌握数学就意味着善于解题。"他在《怎样解题》一书中指出数学解题只需要四步即可，第一步：看到题目、理解题目；第二步：拟订方案（是否见过相同或相似未知量的题目，重新叙述它，回到定义中去）；第三步：执行方案（进行解题并随时检查解题过程是否出现错误）；第四步：反思（检验结果，检验论证）。

波利亚解题理论对作业设计启示体现在以下几个方面：①无论是在学校还是在家里，在学习数学这一门学科上，学生们始终都要面对大量的课上习题或者课下习题，但是学习数学的目的并不只是会解题，如果学生只是为了解题而解题，那么得到的学习效果将是微乎其微的，是远远达不到数学教学的真正目的；②教师在布置数学作业上有意识地将题目进行特殊处理和精心设计，巧妙地将问题进行有效表征，引导学生用波利亚解题理论的四步解题法来解题，学会举一反三，通过解一道题得到一类题的解题方法，找到一般解题规律，形成自己的解题方式，开阔学生的解题思路。

三、发展性作业设计方案

（一）明确作业目标

作业是教学中不可或缺的基本环节，是学生巩固知识和教师检验学生掌握知识程度的重要方式，但也极易被学生和教师忽视它的重要性。

无论是在教学还是布置作业上，都需要遵循一定的目标，作业是对知识点的连接和检验，也是对教学的补充和延伸，是为教学后续正常进行而服务的，作业目标犹如旗杆，具有指引教师更好地完成教学的作用。基于数学核心素养视域下的作业目标有：①具备数学抽象能力，从客观世界中得到数学概念；②具有数学推理，从未知现象入手，剖析问题；③数学建模，将抽象知识生活化、具体化；④发散数学思维，扩展学生思想空间；⑤了解数学价值。

（二）遵循作业原则

在设计作业时需要考虑多方面的因素，并遵循多方面的原则，在本课题中笔者将作业设计原则分为以下三个，下面将依次展开论述。

1.与学习目标一致

学习目标与教学目标相辅相成，两者相比之下学习目标具有更强的针对性和即时性，学习目标有以下两个特点：

（1）目标细化。将学习目标按照目的来分，有掌握知识、培养能力、掌握方法与达到成绩。学习目标需要一步一步来实现，从小目标向大目标迈进需要一个过程，为培养学生掌握基础知识的能力，可设置一些简单类型的题目，以增强学生学习的积极性；为培养学生的数学能力，可布置一些综合性的题目，但稍有难度和挑战性的问题可带给学生胜利的喜悦感和自豪感以及积极的学习动机。

（2）短安排。将学习目标按时间来分可根据学生的学习水平确定学习的近期、中期和远期目标。近期目标指最近时间段所要达到的目标，最多是一个月，对于近期目标，比较注重即时性结果的呈现，学习目标可以在短时间实现，那么在作业设计上目标性单一且明确，基本上是对课本一个小节或一个章节的知识点的掌握，作业设置一般是基础性题型；中期目标即中期所要求学生达到的目标；远期目标即期限不限定，目标长远，不仅要求对基础知识点的掌握，还要要求学生达到具有一定数学思维、数学直观、数学推理等能力的目标，因此对于这类学习目标，作业设置求精不求多，作业类型要丰富，作业能力体现要多样。

2.与学习内容一致

作业的具体内容和作业难度应该要与课上的学习内容保持一致（也可以有些许的扩展知识），以教师日常所教授内容的练习、巩固为目的，符合作业目标、学生学情和周边环境中的相关资源来具体设计。数学作业与学习内容一致，这样的作业对于大部分学生是相对容易的，也是完全可以独立完成的，对于有些难度较大的问题，可以通过设置与课上内容一致的问题，甚至书上原题改编，这样学生们就会对题产生熟悉感，再通过做作业达到好的学习效率。

3.与学习水平一致

世界上没有同一片树叶，那么在同一个班级里面，也并不是人人都是优异的，总有学习好的和学习比较吃力的学生，由于班级学生学习水平存在一定的差异性，因此在作业设计上可采取以下措施：

（1）分层作业。面对不同学习水平的学生，可设置不同难度的作业模式，例如面对学习能力较差的学生，可以布置一些基础性作业，甚至是书上例题的变形，且作业量不能太多，保证这类学生课下可独立自主完成。对于学习能力较好的学生，可以设置启发意义的拓展作业和动手实践类作业等一些综合性的作业，对学生来说有一定的挑战性，以此跳出"发展区"。同时也可以设计一系列具体层次化的作业，由学生根据自身学习水平选择作业的数量与难度。比如：把作业分为A、B、C三个等级区域，学生可根据自身情况自由选择一个区域的作业；必做题必须完成之外，可添加一些可以选择的题目，通过奖励措施鼓励学生选择选做题。

（2）学生自主作业。这类作业的特点是教师和学生的主体地位互换，学生是作业的主体，教师引导学生自己根据课上所学内容自主设计，也可以由教师规定作业的量和型，例如在学习概率的计算时，可以要求题目呈现的方式为列表法或树状法。也可以让学生以小组为单位编制单元试题，各小组之间互相交换做、改、评，这种作业形式使教师完全放手于学生，这种方式可促进同学之间的合作与交流的能力。

（3）作业量恰当。很多人认为学数学就是做题，其中"做题百遍，其意自见"这句话流传人间，但事实并不是这样的，学生的学习效果与作业的时间成"U"型曲线，因此作业的质要提高，量要有所控制，减少重复的作业，不求多但求精而巧。

（三）丰富作业类型

维果茨基的最近发展区理论下的作业设计启示：教师在进行数学作业设计时要注意到学生的两种发展水平，并充分掌握学生已有的知识水平，作业难度上应设置在学生能够承受的范围之内且有所拔高，应充分考虑到学生的水平能力和学习兴趣，给学生布置具有挑战性的作业并提供相应的支持，引导学生勇敢地跨过这个"鸿沟"，从而有效促进学生的全面发展。

（四）作业素养体现

对于数学核心素养的体现而采取设置不同类型的作业设计，通过以上的整理与研究，提出以下几点建议：

（1）趣味性作业激活学生直观想象。通过设置富含趣味性的题目以激起学生学习的兴趣，培养学生的直观能力。比如在学习旋转那一章节时，教师可以设计剪纸游戏。

（2）开放式作业引领学生掌握数学抽象。数学的抽象就像蜘蛛网般，人只要跳进去就很难跳出，因此在作业的设置上要遵循抽象的特性，给作业一个更大的开放空间。

（3）层次化作业推动学生逻辑推理。如果将作业设计的具有层次化，带领学生把问题一层一层拨开，前因后果展现得明明白白，那么将对学生逻辑素养的培养具有很大的帮助。

（4）整合性作业促进学生数学建模。由于数学建模与现实生活紧密相连，具有统一性。

因此在进行一元二次方程这一章节的讲解中，可以通过学习握手模型将一系列含有握手模型特征的边、角、形的问题进行统一的学习。

（五）作业改评多样化

波利亚解题理论下的作业设计启示：做题之后少不了的就是对题目的批改与讲评，如果学生只是单纯地为了解题而解题，那么得到的教学效果将是微乎其微的，是远远达不到数学教学的目标，教师在改评作业上要有意识地将题目特殊处理和设计，巧妙地进行问题表征，引导学生灵活地运用波利亚解题理论的四步解题法来解题，学会举一反三，通过解一道题得到一类题，找到一般解题规律，形成自己的解题方式，开阔学生的解题思路。

首先肯定作业批改方式选择的多样性。从学生的调查问卷和教师的访谈中可以得出，目前学校实行的作业批改方式多为教师亲力亲为，这样批改作业的效果并不好，对教师来说费时费力，使教师没有更多的时间备课和精心设计作业。作业批改方式选择的多样性主要体现在一下几点：

1.同桌互批

每一位学生都会有一个同桌，通常一个人的行为往往会影响到接触最为密切的人，同桌的作用就是两人之间相互学习、相互监督、相互帮助、一同进步，有些需要当堂检查当堂批改的数学作业可采取同桌互改的方式，一来方便快捷，省时省力，二来加速同桌之间的"攀比"学习，因为有的人好胜心比较强，不愿落后，看到比自己优秀的人，心里是不服气的，也是不甘的，就会想方设法好好学习，超过别人，在这种你追我赶的情境下每个人的学习效率都会大大增高。

2.小组批改

小组批改的优点就是会更加统一，小组组长批改组内成员的数学作业，然后小组组长的作业交由班长批改，这样数学教师只批改班长一人的作业，首先教师批改作业的压力会减轻很多，教师将有更多的时间来研究数学教学工作以及作业设计工作，其次组员、组长、课代表的作业情况都将依次汇报到数学教师那里，这样教师利用抽查的方式对全部情况会有一个大致的了解。

3.家长批改

当教师布置一些实践类作业，需要家长监督和提供相关帮助时，这类作业的完成情况可最终交给家长检查，由学习动机理论可知，每个孩子都希望得到父母的表扬，也希望自己是父母的骄傲，那么家长批改的目的一是让学生家长及时了解自家孩子的学习情况，二是有利于教师和家长保持良好的沟通。

（六）作业的有效管理

学生完成作业后不要弃之不理，而是要保存起来。平时写的作业以及在这个过程中所遇到的问题对教师和学生来说都还有利用的价值。对教师来说体现在，给作业做好记录，记录学生数学水平的变化过程，第一时间掌握学生的学习水平和学习状态。对于学生来说可采取写"数学日记"的形式来记录数学学习的过程，这是将数学作业转变为数学思想的一种方式，而善于总结和反思是学习数学必备的基础能力。另外教师可采取"作业"展报的形式鼓励学生学习数学，这个"作业"可以是平日里教师布置的课后数学习题，可以是一些思维导图，可以是非书面型作业，也可以是一些作品展示。例如在讲完九年级上册圆这一章节时，给学生布置思维导图的任务，教师将学生所作的思维导图粘贴在班级后面的小黑板上，进行评优展示，一方面可以促进学生学习的积极性，另一方面将学生作业粘贴在墙上给学生创设一种随时可以看到思维导图的情境，可增加对知识点的熟悉感。

学生对于这种思维导图式的作业形式很感兴趣，积极利用课下时间拿出画笔完成五彩缤纷的树枝式知识框架，做出来的导图如花一样美观大方，如树一样蓬勃发展，不仅可以向教师进行作品展示，还可以自己保存，随时拿出来在脑子里过一遍，养成对知识点的框架记忆，而不是断片式记忆。

四、核心素养下发展性作业优化建议

（一）作业类型的丰富、作业目的升华

发展性作业与传统基础性作业有以下区别：首先，作业形式不同，传统基础性作业多为书面作业，而发展性作业相对书面作业会更多设置一些探究类、实验类、操作类等开放性作业形式，根据学生需要设置难度不同、类型不同、层次不同的数学作业，作业类型不

再过于单一；其次，作业目的不同，传统基础性作业目的大多数为基础知识的练习巩固，达到熟能生巧的结果，而发展性作业目的在此基础上，增加了作业目的的多样性，注重发散学生思维。

（二）作业内容生活化

作业内容若设置不好就会显得枯燥无味，只是单纯的数字练习，但如何做到作业发展化，最重要的一点就是与生活的紧密贴合，从学生熟悉的生活场景出发设置数学问题，有利于学生对数学知识深层的理解与掌握。例如九年级上册概率初步这一章节，概率问题在生活中应用广泛，越来越多的人购买彩票、股票、分期付款，等等。从生活实际问题出发学习概率统计，不仅能够激发学生的探索欲，而且会促进学生交流合作的能力，并认识到学好数学的重要性。

（三）促进同学间合作交流

合作与交流是数学学习中的一个重要的能力体现。在当今这个发展迅速的社会，每个人了解世界的途径有很多，每个人都会有自己的想法、思想。这时，就需要同学之间不停地交流，互相学习新知识，互相触碰新思想。发展性作业相对于传统基础性作业有更多的交流空间，注重学生之间的合作能力。一个人闭门造车往往没有众人拾柴的效果好，多个人在一起进行交流更能触碰思想火花。

第三节　初中数学文化教学策略研究

一、数学文化

（一）数学是一种文化

1972 年，国际上成立了专门的组织研究数学文化，同一时期，莫里斯·克莱因的著作《西方文化中的数学》把数学归类到西方文化中的一类，怀特的著作《数学文化论》更是明确提出了数学是一种文化的观点。1981 年，怀尔德将"数学是一种文化"提升为"数学是一种文化体系"，从而明确了数学是一种文化的观点。

（二）数学文化和数学教育的关系

从理论层面上，代钦和张维忠将数学文化和数学教育联系在一起进行探讨，黄翔更是从文化的视角来看教育改革，还有贺承业等人都在探讨"数学是一种文化"的数学哲学观，并且都研究了数学文化对数学教育的影响。从实践层面上，张维忠的《数学文化与数学课程》将数学文化的理论层面与实践综合了起来。

（三）数学文化的概念及其特点

张维忠教授提出了广义数学文化和狭义数学文化，顾沛教授对数学文化的概括基本和张维忠教授的观点一致，他们都认为数学文化不仅是数学史，数学的发展及形成过程等都应该包含在数学文化中，由定义可见数学文化包含范围之广。

数学文化可以传播人类的基础思想；有其独特的语言，是人类的特殊语言——数学语言与符号；具有广泛的应用性，是人类与社会联系的一种工具，是人类、自然、社会三者之间关系的桥梁；数学文化的系统性和开放性是人类文化的一部分，但是有其独立的系统，也和其他文化兼容并包；数学文化的特性在人类文化中都有缩影。

二、基于数学文化培养初中生数学核心素养的课堂教学策略

（一）数学文化对培养初中生数学核心素养的影响

张奠宙先生主张通过课程展现数学的美丽之处，进而自然而然地让学生接受数学思想。在学习"圆周角发现与证明"的过程中学生应该更重视数学思想的传授，思维过程可以分为以下四个步骤：①转变问题，给出的圆周角是静态图形，为了方便理解，可以将其看作动态图形，对问题进行一系列思考，将问题一般化；②提出问题，"圆心在角的边上"，使问题特殊化；③根据已学的知识，寻找问题之间的联系以及规律；④证明并得到结论。在解决完问题后，教师引导学生总结，这样学生才能积累更多的学习方法，这种思维方式适用于解决多种数学问题，有利于提高学生数学分析问题以及解决实际问题的能力，对培养初中生数学核心素养是有重要意义。

数学文化中还包含数学历史的发展过程，在数学文化发展的长河中有很多伟大数学家的励志故事，也有很多家喻户晓的历史典故等，初中生对这些的了解都可以增加其文化底

蕴与爱国情怀,同时对其情感态度和价值观的培养具有正方向的引导作用,这就将初中生数学核心素养上升到学生的综合素养。

由此可见,无论是对初中生数学核心素养的培养还是提升,数学文化都对其起到了至关重要的作用。

(二)"融文入境"培养初中生数学核心素养

一节好课对于学生来讲应该是一场饕餮盛宴,那么导入的吸睛程度就基本决定了这节课的受关注程度。

融入数学文化的导入能达到吸睛的目的,"勾三、股四、弦五"众所周知,但是大家并不知道它是商高提出的,同时勾股定理也称为商高定理。赵爽用数形结合的方法证明了勾股定理。再到刘徽在《刘徽注》中也证明了勾股定理。又到清朝末年华蘅芳对勾股定理进行了 20 多种的证明。同样,《墨经》所记载的"圆,一中同长也"可以用来讲解圆。效仿古人,在讲"正数和负数"时用不同颜色的算筹进行计数工具来吸引学生,等等。用翻扑克游戏讲解"有理数的乘除法"会让学生产生极大的好奇。

将数学文化融入数学课堂情境中,用数学文化进行数学课堂的导入,使数学课堂变得生动鲜活,激发学生的探索欲望,从课堂的开始就开启培养初中生数学核心素养的大门。

(三)"借文导问"提升初中生数学核心素养

数学文化不仅可以融入导入环节,还可以借用数学文化提出问题进行探究学习。例如,"鸡兔同笼"问题在初中阶段完全可以用"二元一次方程组"中的知识得以解决;播放 400 米跑步比赛视频,让学生解释为什么运动员起跑不在同一直线上,这就让学生想到弧长的相关知识。再如,在多边形及其内角和的学习中可以提出铺砖问题,并让学生对能够进行平面镶嵌的图形特点进行总结。还可以让学生交流探讨"斯坦纳的圆问题",这会使学生感受研究过程,深刻认识研究结论。

用数学文化进行问题引导使提出的问题变得深刻,学生解决出来会提升其成就感。

(四)"文文呼应"使初中数学核心素养得到升华

数学是一门基础学科,之所以基础是因为解决其他学科问题都会涉及数学。比如,海王星的发现过程和哈雷彗星运行轨道的计算都需要用到数学知识，数学在天文学中的应用甚广，可以说没有数学知识很多天文问题就得不到解决。所以天文学的相关知识总是伴随数学文化，这使数学文化蒙上了一层神秘的面纱。说到文化就会想起中国的古典文学，其中具有代表性的《红楼梦》的后四十回作者到底是谁困扰了文学界很多年，那么利用概率知识就可以推断出作者的语言风格，进而解决这一问题，这就让数学文化和文学产生了联系。在建筑学中应用广泛的"黄金分割"也是数学文化的产物，建筑学把一个写于纸上的简单算式变成气势恢宏的高大建筑，这使数学文化也变得高大、深厚。

不仅在以上几方面，在其他方面数学也有很广泛的应用，这就使数学文化具有了多样性和复杂性，数学文化是其他学科的基础，同时数学文化也融入了其他文化的精华，这使数学文化和其他文化互相呼应、互相作用，共同将初中生数学核心素养进行升华，最终促进初中生全面发展。

三、基于数学文化对初中数学核心素养的再认识

在实际课堂中，教师运用最多的就是数学史中的故事，所以一部分教师对数学文化的认识也仅限于数学史，其实数学文化包含数学史，但是不仅限于数学史，数学文化所包含的数学思想、方法更为重要。从数学文化的角度看初中数学核心素养，十分注重学生学习数学后所获得的能力，虽然字面上都与数学有关，但实际都对日后生活学习有一定影响。

利用数学文化可以提升初中生数学核心素养，将两者有机地融合在一起可以使学生的综合素质得到提高。当然，两者的融合对教师提出了更高的要求，不仅需要教师在专业水平上有扎实的功底，也要求教师有深厚的文化底蕴，更要求教师要不断更新和完善自己的文化知识储备。

参考文献

[1] 赵翠珍.数学教学理论与实践研究 [M].北京：北京工业大学出版社，2021.

[2] 李文革.初中数学教学的理论与实践 [M].开封：河南大学出版社，2020.

[3] 吴国庆.且思且行：初中数学教学探索 [M].武汉：华中科学技术大学出版社，2021.

[4] 孙桂瑾.初中数学教学设计与方法 [M].汕头：汕头大学出版社，2018.

[5] 徐洪鑫.初中数学：生命力课堂的打造 [M].长春：吉林人民出版社，2019.

[6] 管国文，胡炳生.中学数学学习方法论 [M].芜湖：安徽师范大学出版社，2018.

[7] 徐爱慧.初中数学教学中的问题与对策 [M].北京：中国言实出版社，2017.